David Alliot, né en 1973, travaille dans l'édition. Auteur de plusieurs ouvrages consacrés à Louis-Ferdinand Céline, à Aimé Césaire, à Voltaire et aux livres, il est également formateur depuis une quinzaine d'années à l'INFL (Institut national de formation des libraires).

Philippe Charlier est maître de conférences des universités – praticien hospitalier (UVSQ/AP-HP) et dirige le Laboratoire d'Anthropologie médicale et médico-légale. Il s'intéresse tout particulièrement au statut du corps mort, et à l'évolution des pratiques médico-chirurgicales et anatomiques.

Olivier Chaumelle, né en 1968, est producteur à France Culture. Amateur de personnages fantasques, il leur a consacré de nombreux documentaires radiophoniques.

Frédéric Chef, né à Langres, vit à Reims. Il a publié notamment *Géographie sentimentale*, *La Champagne impertinente*, illustrée par Daniel Casanave avec qui il a également écrit le scénario et les dialogues de la bande dessinée *Villain, l'homme qui tua Jaurès*.

Bruno Fuligni, né en 1968, est écrivain et historien. Haut fonctionnaire, maître de conférences à Sciences Po, il est l'auteur de seize ouvrages sur l'histoire politique française et ses mystères.

Bruno Léandri, né en 1951 à Courbevoie, écrivain, chroniqueur et scénariste, longtemps collaborateur du mensuel *Fluide glacial*, est l'auteur entre autres de la *Grande Encyclopédie du dérisoire* (cinq tomes parus).

LA TORTUE D'ESCHYLE
ET AUTRES MORTS
STUPIDES
DE L'HISTOIRE

DAVID ALLIOT – PHILIPPE CHARLIER
OLIVIER CHAUMELLE – FRÉDÉRIC CHEF
BRUNO FULIGNI – BRUNO LÉANDRI

LA TORTUE D'ESCHYLE ET AUTRES MORTS STUPIDES DE L'HISTOIRE

Dessins de Daniel Casanave
Édition revue et augmentée par les auteurs

LES ARÈNES

MIXTE
Papier issu de sources responsables
FSC® C003309
FSC www.fsc.org

Pocket, une marque d'Univers Poche, est un éditeur qui s'engage pour la préservation de son environnement et qui utilise du papier fabriqué à partir de bois provenant de forêts gérées de manière responsable.

ISBN : 978-2-266-24133-5

Il n'y a pas de belle mort.
Il y en a qui sont belles à raconter.
Mais celles-là, ce sont les morts des autres.

Sacha GUITRY

AVANT-PROPOS

Ceci est un livre d'amis.

Nous autres, ses auteurs, pour ne pas dire ses responsables, avons pris l'habitude de déjeuner tous les six, plusieurs fois dans l'année. Ces repas, peu diététiques, nous donnent l'occasion d'échanger des anecdotes historiques comme nous les aimons, bizarres et drôles, biscornues, inattendues et chacune, toutefois, emblématique de son temps.

C'est au cours de ces agapes qu'au printemps 2011 la conversation s'est mise à rouler sur les morts stupides de l'histoire. Nous plongions alors dans l'euphorie. Chacun y allait de son anecdote. Eschyle, estourbi par une tortue tombée des serres d'un rapace... Euripide, parti chasser avec le roi de Macédoine et dévoré par les chiens... Sophocle, lauréat d'un concours d'art dramatique et qui en crève de joie... Et, dans la Bible, Absalon, tué au combat parce que sa belle chevelure s'emmêle aux branches d'un arbre... Et ce roi birman, Nandabayin, mort de rire après avoir entendu un marchand italien lui expliquer que la république de Venise était un État sans roi... Et cette grande actrice, Mademoiselle Mars, qui en se teignant s'empoisonna le cuir chevelu par une lotion non homologuée... Et ce ministre de la Guerre qui voulait encourager l'aéronautique, Maurice Berteaux, décapité par une hélice d'avion en

1911... Et des noms illustres, Du Guesclin, Félix Faure, le colonel Fabien, Patton... À la vingtième histoire jaillit alors l'idée de rassembler ces morts stupides dans un livre, rédigé à douze mains.

Dégrisés, nous l'avons fait. C'est le plus curieux de l'affaire. Ces idées-là, en général, s'évanouissent assez vite. Or, chacun dans son domaine de prédilection, nous avons recherché, recensé, accumulé, échangé nos trouvailles, dans un curieux état de jubilation sardonique. Il n'existait pas d'ouvrage sur le sujet, d'ailleurs, seulement des listes en ligne très approximatives, mêlant aux cas les mieux attestés d'invraisemblables légendes urbaines : il a fallu fouiller les dictionnaires et les biographies, vérifier, confronter, pour aboutir finalement à cent vingt destinées stupidement brisées.

Peu charitable, il faut l'admettre, ce livre a cependant le mérite de nous rappeler que l'histoire est celle des êtres humains, avec leurs faiblesses et leur fragilité : un roi de France peut se fracasser le crâne en poursuivant une catin, un roi de Suède agoniser pour avoir pris quatorze fois du dessert...

Ces historiettes nous amènent aussi à méditer sur la contingence des destinées individuelles et collectives : tous ces personnages disparus prématurément, pour des causes idiotes, auraient peut-être modifié la marche du monde s'ils avaient vécu, de sorte que l'étude de ces menus accidents de l'histoire conduit tout naturellement à goûter aux délices de l'uchronie.

Plus fondamentalement, le corps du héros, sa dépouille, son tombeau constituent toujours des enjeux politiques. Il en va de même du récit de sa fin. C'est pourquoi nombre de morts stupides se nimbent de mystère et alimentent la polémique. Afin de raconter dignement les derniers instants d'un personnage qu'on admire, on cherchera désespérément à dissimuler l'accident idiot, quitte à imaginer d'absurdes complots. À l'inverse, pour le tyran détesté, la brute honnie ou l'ennemi de classe, il sera toujours doux de pouvoir lui prêter un trépas ridicule.

Enfin, cet ouvrage est dédié à ceux qui aiment la petite et la grande histoire, qui savent apprécier la saveur d'une anecdote et qui aiment rire. On parle souvent de l'ironie de l'histoire : ce livre montre que, dans le genre grinçant, elle n'a pas de limites.

Les auteurs

I

Trop gourmands

C'est au soir d'un ultime repas de Noël que le grand gastronome Balthazar Grimod de La Reynière rendit l'âme, le 25 décembre 1837. Buvant, sur son lit de mort, un verre d'eau, il eut la force de murmurer : « Au moment de paraître devant Dieu, je veux me réconcilier avec mon plus mortel ennemi. »

Grimod avait d'ailleurs de qui tenir, puisque son propre grand-père était mort étouffé par un pâté de foie gras, en 1754. La gastronomie est un sport dangereux, ce que la sagesse populaire a toujours proclamé en forme d'adage : « Le gourmand creuse sa tombe avec ses dents. » Comme l'exprima plus hautement la sœur d'un autre gastronome, Brillat-Savarin, alors qu'elle s'éteignait presque centenaire : « Je sens que je vais passer. Vite, le dessert ! »

Apicius (Ier siècle)

Une faim tragique

Son nom est devenu synonyme de « gastronome », et les éditeurs filous publient régulièrement le livre de recettes parfaitement apocryphe qui lui est attribué, depuis la parution en 1498 de cet ouvrage gourmand, *De re culinaria*, parfois rebaptisé *De arte coquinaria.*

En réalité, on ne sait que peu de chose d'Apicius, ou plus précisément des *Apicii,* car il y eut dans l'Antiquité romaine trois personnages de la même famille qui s'immortalisèrent par leur gloutonnerie. Le premier, qui vivait dans le dernier siècle de la République, a joué un certain rôle politique en provoquant l'exil de l'ancien consul Rutilius Rufus, en 92 av. J.-C. Le deuxième, Marcus Gavius Apicius, vivait à l'époque d'Auguste et de Tibère, et le troisième sous Trajan.

Le plus frénétique fut Marcus Gavius, qui, pour obtenir des foies de truie bien gras, n'abreuvait ses bêtes que de vin au miel… Un ripailleur fastueux dont Alexandre Dumas, dans son *Grand Dictionnaire de cuisine*, romance ainsi la fin : « Il passa presque dieu pour avoir trouvé le moyen de conserver les huîtres fraîches. Riche à deux cents millions de sesterces, cinquante millions de francs, il en dépensa plus de quarante pour sa table seule. Un beau jour, la fatale idée lui vint de faire ses comptes. Il appela son intendant. Il n'avait plus que dix millions de sesterces, deux millions et demi de notre monnaie. Il se trouva tellement ruiné avec deux millions et demi qu'il ne voulut pas vivre un jour de plus. Il se mit dans un bain et se fit ouvrir les veines. »

Une fin stoïcienne bien étonnante pour un épicurien comme Apicius… En fait, Dumas confond avec la mort de Sénèque, lequel a raconté quant à lui, dans sa

Consolation à Helvia, la vraie mort d'Apicius : « Dans cette même ville d'où l'on a chassé les philosophes comme corrupteurs de la jeunesse, il a professé l'art de la bonne chère et il a infecté le siècle de sa science. Sa mort vaut la peine qu'on la raconte. Après avoir dépensé pour sa cuisine cent millions de sesterces, après avoir absorbé pour chacune de ses orgies tous les revenus du Capitole, se trouvant accablé de dettes, il eut l'idée de faire, pour la première fois, le compte de sa fortune. Il compta qu'il lui restait dix millions de sesterces ; et, comme s'il eût dû vivre dans les tourments de la faim avec ses dix millions de sesterces, il s'empoisonna. Quels devaient être sa corruption et son faste, alors que dix millions de sesterces lui représentaient l'indigence ! »

Contemporain du Christ, Apicius s'en tint à une conception très païenne de son dernier repas. Y mêla-t-il des matières empoisonnées ? Ou bien l'opulence du festin suffit-elle à détruire ses organes vitaux ? On penche volontiers pour la seconde hypothèse : en un temps où les riches Romains s'empiffraient de talons de chameau, de crêtes de coq, de langues de paon et de rossignol, c'est forcément dans une sorte d'apothéose que Marcus Gavius Apicius a quitté le banquet de la vie. (B. F.)

Fritz Karl Watel dit François Vatel (1631-1671)

Le service à la française

Fils d'un laboureur, François Vatel voit le jour à Paris en 1631. À vingt-deux ans, il est au service de Fouquet comme « écuyer de cuisine », chargé de nourrir le surintendant et sa maisonnée. Il en devient le maître d'hôtel et chef du protocole, qui règle les mouvements du repas inaugural de Vaux-le-Vicomte le 17 août 1661. Le cortège de faisans, cailles, ortolans, perdrix sur vaisselle d'or, tandis que Molière et Lully interprètent *Les Fâcheux*, contribue à la disgrâce de Fouquet. Anxieux, Vatel prend la fuite et devient « contrôleur général de bouche » du Grand Condé, en son château de Chantilly.

Le prince aime les fêtes somptueuses. Il invite la Cour à passer trois jours chez lui en avril 1671. Perfectionniste, Vatel n'en dort pas pendant douze nuits consécutives. Il vient tant de monde à la fête que, le jeudi 23, il manque de la viande à deux tables. Le vendredi est jour maigre et, à quatre heures du matin, deux charges de poissons de mer seulement sont arrivées pour sustenter les invités. Mme de Sévigné raconte : « Il trouve Gourville, et lui dit : – Monsieur, je ne survivrai pas à cet affront-ci ; j'ai de l'honneur et de la réputation à perdre. Gourville se moqua de lui. Vatel monte à sa chambre, met son épée contre la porte, et se la passe au travers du cœur, mais ce ne fut qu'au troisième coup, car il s'en donna deux qui n'étaient pas mortels : il tombe mort. La marée cependant arrive de tous côtés. On cherche Vatel pour la distribuer. On va à sa chambre. On heurte, on enfonce la porte, on le trouve noyé dans son sang. »

On dîne très bien tout de même. On enterre Vatel à la sauvette, immédiatement, afin que son trépas ne gâche pas la fête. Berchoux, dans *La Gastronomie* (1801), écrit à son sujet :

Ô vous ! qui par état présidez aux repas,
Donnez-lui des regrets, mais ne l'imitez pas !

(F. Ch.)

JULIEN OFFRAY DE LA METTRIE (1709-1751)

Le pâté de l'athée

« Trembler aux approches de la mort, c'est ressembler aux enfants qui ont peur des spectres et des esprits. Le pâle fantôme peut frapper à ma porte quand il voudra, je n'en serai pas épouvanté. Le philosophe seul est brave où la plupart des braves ne le sont pas », écrit sereinement Julien Offray de La Mettrie dans son *Système d'Épicure*, paru en 1750. Un an plus tard, le « pâle fantôme » l'emportera, sans lui laisser atteindre son quarante-deuxième anniversaire.

Fils d'un négociant aisé, La Mettrie est né à Saint-Malo le 19 décembre 1709 et a fait de brillantes études. Destiné à la prêtrise, le jeune homme convainc son père de le laisser plutôt étudier la médecine, qu'il apprend aux Pays-Bas, auprès du célèbre Boerhaave. Puis La Mettrie s'embarque comme chirurgien de marine, sur un navire de la Compagnie des Indes qui le mène jusqu'en Chine. De retour en France, débarrassé de tout préjugé, il sert comme médecin militaire sur les champs de bataille et c'est là que, constatant les rapports du physique au moral chez les blessés, il commence à théoriser une philosophie matérialiste de l'existence. Son traité, *L'Homme machine*, scandalise par sa radicalité. Chassé de France, puis de Hollande, La Mettrie trouve refuge à la cour de Frédéric II de Prusse, qui le prend en sympathie. C'est à Berlin qu'il publie *L'Art de jouir* en 1751, se discréditant complètement auprès des « philosophes » eux-mêmes, peu préparés à ces lumières trop crues. Diderot le perçoit comme un auteur insensé, « dont les sophismes grossiers, mais dangereux par la gaieté dont il les assaisonne, décèlent un écrivain qui n'a pas les premières idées des vrais fondements de la morale »…

La mort tragicomique de La Mettrie va achever de ruiner la réputation de cet esprit fort que nul ne veut prendre au sérieux. Le 8 novembre 1751, il est invité à dîner chez le comte de Tyrconnel, ambassadeur de France en Prusse, qu'il a soigné d'une grave maladie. Bon vivant, le philosophe matérialiste se remplit la panse et bientôt se sent mal, « après avoir mangé par vanité tout un pâté de faisan aux truffes », écrira Voltaire, lui aussi réfugié à Berlin. La Mettrie ne s'est pas étouffé, comme on le dit parfois, et il est peu probable qu'il ait été empoisonné, même si la rumeur en a couru. Plus sûrement, le pâté de l'ambassadeur était un peu trop faisandé, avarié, voire frelaté : Voltaire évoquera un « pâté d'aigle, déguisé en faisan, bien farci de mauvais lard, de hachis de porc et de gingembre »... Cloué au lit par l'indigestion, La Mettrie décide de se soigner lui-même et affaiblit son corps par huit saignées : il expire le 11 novembre 1751, après trois jours d'agonie.

« La Mettrie, dissolu, impudent, bouffon, flatteur, était fait pour la vie des cours et la faveur des grands ; il est mort comme il devait mourir, victime de son intempérance et de sa folie : il s'est tué par ignorance de l'état qu'il professait », résumera Diderot, très fâché d'avoir trouvé plus mécréant que lui.

La Mettrie avait souhaité être enterré dans le jardin de l'ambassade, façon pour lui de retrouver la France, et qu'on plante sur sa fosse un poirier, qu'il comptait nourrir de sa matière organique... Ce testament impie ne sera pas respecté : on inhume La Mettrie dans l'enceinte d'une église catholique « où il est tout étonné d'être », ironise Voltaire dans une lettre du 14 novembre. Il revient sur l'affaire dans une lettre du 24 décembre, réfutant la rumeur selon laquelle La Mettrie aurait demandé, à la fin, les secours de la religion : « C'était le plus fou des hommes, mais c'était le plus ingénu. Le roi s'est informé très exactement de la manière dont il était mort, s'il avait passé par toutes les formes catholiques, s'il y avait eu quelque édification ; enfin il a été bien éclairci que ce gourmand était mort en philosophe : j'en suis bien aise, nous a dit le roi, pour le repos de son âme ; nous nous sommes mis à rire, et lui aussi. » (B. F.)

Johann Schobert (v. 1735-1767)

La fricassée de la mort

Johann Schobert serait né vers 1735 ou 1740, soit en Silésie, soit à Strasbourg, soit à Nuremberg. On le retrouve en tout cas vers 1760 à Paris, au service musical du prince de Conti, sous le nom de Jean Schobert, voire Chobert. C'est un compositeur et un claveciniste admiré, dont la musique semble avoir subjugué Mozart, au point qu'on retrouve dans certains de ses concertos et sonates des passages entiers inspirés de Schobert. Sa sonate en *la* mineur K310, par exemple, contient une longue citation, quasi littérale, de celle de Schobert *op.* 17 n° 1.

C'est le baron Grimm, dans sa *Correspondance littéraire*, qui nous conte le récit d'un décès collectif particulièrement épouvantable et marqué d'un entêtement vraiment stupide. Ce texte est en date du 15 septembre 1767.

Par cette belle journée du mardi 25 août 1767, Johann Schobert organise une promenade en forêt de Saint-Germain, avec son épouse, un de leurs deux enfants et quelques amis, dont un médecin. Schobert n'oublie pas d'emporter un vaste panier : c'est la saison, et le jeune musicien raffole des champignons des bois. On ne prendra aucun risque, puisque l'homme de l'art est là pour analyser la récolte. La cueillette est d'ailleurs miraculeuse, et la petite troupe, le soir venu, demande à un aubergiste de Marly de la lui préparer, mais celui-ci refuse car il s'y entend un peu et croit reconnaître dans le panier des spécimens vénéneux. Une autre tentative, dans une seconde taverne, mène au même échec. Le médecin raille les piètres connaissances mycologiques des deux cuisiniers et engage la petite compagnie à regagner Paris, afin qu'on y prépare les champignons soi-même, chez l'ami Schobert. On passe à table à onze heures.

Tous tombent malades à peu près en même temps. Toute la nuit, on se tord les tripes entre amis, sans avoir la force d'aller chercher des secours. Lorsque quelqu'un vient enfin, le lendemain vers midi, le sort des imprudents est scellé.

Dans les empoisonnements aux champignons, les douleurs sont atroces, le point de non-retour est vite atteint, il n'y a pas d'antidote, mais le terme, irrémédiable, peut être malgré tout lointain. Les cellules du foie éclatent petit à petit, ce qui peut prendre jusqu'à plusieurs semaines.

L'enfant mourra assez vite, Schobert souffrira jusqu'au vendredi, sa femme jusqu'au lundi, certains pendant dix jours. Aucun rescapé parmi ces malheureux gourmands. Merci docteur !

On aimerait savoir si l'existence du second enfant du couple Schobert, celui qui n'a pas mangé de champignons ce 25 août 1767, a eu par la suite quelque chose à voir avec le fameux *Roman d'un tricheur* de Sacha Guitry.

On se distraira profitablement de cette horrible histoire en écoutant la ravissante *Sonate n° 2 en si bémol majeur op. 14* de Johann Schobert. (O. Ch.)

12 FEV

Adolphe-Frédéric de Holstein-Eutin, roi de Suède (1710-1771)

Semla mort

Roi de Suède calamiteux, Adolphe-Frédéric fut dépossédé de tout pouvoir par le Parlement et tenta vainement de reconquérir un semblant d'autorité en attisant la lutte des Chapeaux contre les Bonnets, c'est-à-dire du parti aristocratique contre le parti libéral. Le monarque avait heureusement deux passions, qu'il porta à un degré nettement plus élevé que l'art politique.

La première consistait à fabriquer de jolies boîtes de tabac à priser ; la seconde était de ripailler. Originaire d'Allemagne, évêque défroqué de Lübeck, Adolphe-Frédéric de Holstein-Eutin avait les habitudes de table des aristocrates de son temps, auxquelles son accession à la couronne de Suède, en 1751, lui permettait de donner libre cours, sans même l'apparence de modération qu'apporte le souci d'argent.

Le 12 février 1771, il se régale ainsi d'un repas robborativement nordique, composé de homard, de caviar, de choucroute et de hareng fumé – le tout arrosé de champagne à profusion… L'indigestion menace déjà d'être sévère quand on apporte le dessert, sommet de la gastronomie scandinave : des *semlas,* sortes de brioches nappées de sucre glace, fourrées à la pâte d'amande et à la crème fouettée… Les vrais Suédois, en outre, les mangent à la cuiller, après les avoir trempés dans un bol de lait chaud ! Il y a là assez de calories pour faire le tour de la Laponie en caleçon, mais c'est délicieux, et le vieux roi s'en donne à cœur joie. Au quatorzième service, Adolphe-Frédéric s'effondre : le trône de Suède est vacant. (B. F.)

Sherwood Anderson (1876-1941)

L'apéritif divinatoire

Camden, Ohio, voit naître Sherwood Anderson le 13 septembre 1876. Jeune homme, il participe à la guerre hispano-américaine sur l'île de Cuba. Démobilisé, il devient administrateur d'une usine de vernis. À l'âge de trente-six ans, il abandonne son emploi, sa femme et ses enfants pour entamer une carrière de « gribouilleur ». Ayant finement observé les gens très communs du Middle West, il se nourrit de la banalité de leurs existences, de leurs combats contre la solitude, la frustration et l'angoisse, et publie en 1919 *Winesburg-en-Ohio*, recueil de nouvelles. En 1923, il persiste et signe avec *Le Triomphe de l'œuf*, où il poursuit son examen de ce quelque chose d'« essentiellement sale » qui fait la vie quand le vernis s'écaille. Son œuvre subjugue Hemingway, Steinbeck, Caldwell ou encore Faulkner, qui verra en lui « un géant parmi les Pygmées ».

Attentif aux petits faits, il trouve le 8 mars 1941 « notre sœur, la mort », d'une manière accidentelle. Quelques jours auparavant, prenant l'apéritif sur le pont d'un bateau en route pour l'Amérique du Sud, accompagné de sa quatrième épouse, il mange des olives. Distrait, il avale un cure-dents et contracte une péritonite. Il en meurt, les intestins percés. « Tous les hommes et toutes les femmes que l'écrivain avait connus se transformaient en grotesques », avait-il écrit. (F. Ch.)

12 OCT

Maurice-Edmond Sailland dit Curnonsky (1872-1956)

Le gastronome repu

« L'essor de la civilisation ne tend pas à autre chose qu'à transformer nos besoins en volupté », écrivait Curnonsky, faisant l'éloge de Brillat-Savarin. Comme son maître, il a élevé la cuisine au rang des beaux-arts.

Angevin, il voit le jour le 12 octobre 1872. Monté à Paris, Sailland devient journaliste, trouvant son pseudonyme dans le latin de cuisine : *cur non sky ?* – pourquoi pas un nom en *sky*, comme Dostoïev*sky* ? Alphonse Allais approuve, qui lui cède sa chronique de « La vie drôle » dans *Le Journal*. Colocataire du poète Paul-Jean Toulet, il taquine la muse à l'instar de ses amis Pierre Louÿs, Raoul Ponchon. Il est le nègre de Willy avant Colette, publicitaire à des fins alimentaires. Son goût prononcé pour la bonne chère le rapproche de son ami Marcel Rouff avec qui il décide – naissance du tourisme automobile oblige – de parcourir la *France gastronomique*, dont il fait un ouvrage en vingt-huit volumes entre 1921 et 1928.

Ce gourmand d'élite, ami du vin frais et du caporal ordinaire, grand amateur d'absinthe, est élu Prince des gastronomes en 1927. L'année suivante, il fonde l'Académie des gastronomes pour illustrer cette maxime : « La cuisine, c'est quand les choses ont le goût de ce qu'elles sont. » Journaliste infatigable, « Cur » fonde en 1947 la revue *Cuisine et Vins de France* et publie en 1953 un recueil éponyme, bible des cuisiniers.

Ce culinographe de cent vingt kilos s'est dépensé sans compter à toutes les tables, publiant parmi une cinquantaine d'ouvrages ses *Souvenirs littéraires et gastronomiques*. Le 22 juillet 1956, après un bon repas,

Curnonsky s'appuie à la fenêtre de son appartement parisien du square de Laborde. Il tombe du troisième étage, meurt désarticulé sur le trottoir, victime de ses abus. Suicide ? Sûrement pas, assurent ses proches. Jamais avare d'une ripaille ni d'un bon mot, il écrivait peu avant sa disparition : « J'ai trop d'urée. J'ai trop duré. »

Son épitaphe, au cimetière de Beauchamp :

Ci-gît Curnonsky :
Mort de la tombe voisine
Veille sur tes pissenlits
Il te mangerait les racines.

(F. Ch.)

Jean Follain (1903-1971)

Le magistrat étourdi

Nous vivons parmi les « lueurs éternelles » d'une « épicerie d'enfance », selon le poète Jean Follain. Celui-ci naît le 29 août 1903 à Canisy, petite ville de la Manche. Partagé entre une carrière d'avocat et la pratique de la poésie, Follain publie ses premiers vers en 1933. Au fil de ses recueils (*Usage du temps*, *Territoires*, *Appareil de la terre…*) et de sa prose (*Paris*, *Canisy*, *Le Magasin pittoresque…*), le poète collecte des débris de réalité, nostalgique des jeux de l'enfance et d'un bric-à-brac qu'il faut sauver du néant. Sa poésie, dégagée de la tutelle surréaliste, renouvelle la réalité des objets usuels à la manière de Chardin et de ses natures mortes.

Très attaché aux rituels, aux costumes, à l'exactitude des formules, Follain devient magistrat en 1951. Il voyage à travers le monde, représentant du Pen Club, toujours attentif aux accidents, signes de la fatalité :

> Poser un soir son pied nu
> sur un clou
> tomber des branches
> boire à même une eau trop froide
> sont les accidents mortels
> qu'impose le vieux destin

Amateur des plaisirs de la table, auxquels il sacrifie avec ses nombreux amis poètes, il célèbre la chère à la manière d'un officiant. Celui qui confiait un soir à son ami Guillevic, au sujet de la mort : « Moi je veux une agonie », ne verra pas son vœu exaucé. Le 10 mars 1971, le dîner du Vieux Papier est donné sur le bateau du Touring-Club de France amarré quai des Tuileries.

Quittant la compagnie après les agapes, le poète s'apprête à rentrer seul à son domicile, dans ce Paris qu'il aime tant. En traversant le quai, au débouché du tunnel, il est fauché par une voiture, peu après minuit. Il décède sur le coup.

Lorsqu'on amène son corps à la morgue de l'Hôtel-Dieu, le gardien qui le reçoit est affairé à la lecture des poèmes d'un certain Jean Follain : « Car voyez-vous, dans un métier comme ça, on a besoin de la poésie. » (F. Ch.)

Ingestions fatales...

Anacréon (v. 570-478 av. J.-C.), le poète de Dionysos et du vin, est mort étouffé par un pépin de raisin avalé de travers.

Le roi d'Angleterre Henri Ier (1068-1135) aurait succombé à un festin de lamproies. Maximilien Ier de Habsbourg (1459-1519), grand-père de Charles Quint, fut victime d'une indigestion de melon en revenant de la chasse.

Adrien IV (v. 1100-1159), élu pape en 1154 et unique Anglais à avoir occupé le trône de saint Pierre, serait mort étouffé en avalant une mouche qui barbotait dans son verre de vin. D'autres souverains pontifes ont été rappelés à Dieu sans qu'on sache vraiment s'ils étaient victimes d'une alimentation pas fraîche ou, plus vraisemblablement, d'un mets empoisonné : tels Paul II (1417-1471), officiellement mort d'une indigestion de melon (et accusé selon d'autres sources d'avoir expiré entre les bras d'un jeune domestique), ou Clément XIV (1705-1774), l'ennemi des Jésuites. Quant au fameux Alexandre VI (1431-1503), plus connu sous le nom de Rodrigo Borgia, ses ennemis affirmèrent qu'il périt d'avoir bu par erreur le vin empoisonné qu'il destinait au cardinal Corneto...

S'il est faux que Pie XII (1876-1958) est parti pour l'autre monde à l'issue d'une crise de hoquet, cette mort désagréable emporta l'écrivain Scarron (1610-1660).

Le poète Santeuil (1630-1697), d'après Saint-Simon, n'aurait pas survécu à un verre de vin dans lequel un mauvais plaisant avait vidé sa tabatière.

Une mention spéciale pour l'acteur japonais Bando Mitsugoro VIII (1906-1975), star du kabuki : amateur de fugu, il prétendait être insensible au poison que contient ce poisson raffiné, mais ne résista pas au quatrième service.

La plus philosophique de toutes les ingestions fatales fut toutefois celle qui emporta le premier empereur chinois, Qin Shi Huang (v. 259-210 av. J.-C.), lequel avait obtenu d'un magicien des pilules d'immortalité : de splendides « perles rouges » au sulfure de mercure…

....

II

Trop libertins

Mort stupide ou mort enviable ? Partir en courant la gueuse, ou bien en atteignant au paroxysme du plaisir, est l'euthanasie des chanceux, celle qu'on se souhaite et qu'on souhaite aux amis. Hédoniste autant qu'élitiste, cette culbute finale est cependant des plus rares, et on ne compte qu'un petit nombre de personnages historiques à avoir conquis de la sorte une sulfureuse gloire posthume : un monarque, un président de la République, un dictateur africain, un écrivain – mais aussi, dans leur béatitude, un archevêque de Paris, un cardinal, et peut-être un pape…

Louis III de France (863-882)

Le roi coureur

Arrière-arrière-petit-fils de Charlemagne et fils aîné du roi Louis II, Louis III accède au trône de France le 11 avril 879 après la mort de son père. Conformément à la tradition carolingienne, le royaume est alors partagé entre les deux héritiers du roi défunt. La Francie et la Neustrie (c'est-à-dire les territoires approximativement situés au nord de la Loire) reviennent à Louis, qui prend le nom et le titre de roi des Francs, tandis que la Bourgogne et l'Aquitaine échoient à son frère Carloman.

Le règne de Louis III sera court et sans grand éclat. Trois ans après son accession au trône, le roi décède en se fracassant le crâne contre le linteau d'une porte trop basse. Le maladroit poursuivait à cheval « une jeune fille alors qu'elle s'enfuyait vers la maison de son père »...

Inhumé le 5 août 882 à Saint-Denis, il laisse le trône à son frère Carloman II, qui réunifie le royaume. Mais le sort semble s'acharner sur les fils de Louis II, puisque Carloman II mourra deux ans plus tard, en 884, mortellement blessé par un coup de boutoir involontairement donné par l'un de ses vassaux au cours d'une partie de chasse, dans la forêt de Bézu.

La malédiction du linteau de porte poursuivra les monarques français, puisque, six siècles plus tard, le 7 avril 1498, le roi Charles VIII de France succombera presque de la même façon, mais à pied cette fois, au château d'Amboise, en se cognant violemment le front contre le linteau d'une porte. Moins galant que Louis III, il allait au jeu de paume. (D. A.)

François de Harlay de Champvallon (1625-1695)

Mort sans confession

Il y en a qui font tout à l'envers : archevêque à vingt-six ans, François de Harlay de Champvallon finit en polisson à la veille de son soixante-dixième anniversaire.

Né à Paris le 14 août 1625, archevêque de Rouen en 1652 puis archevêque de Paris le 2 janvier 1671, il obtient que la qualité de duc et pair soit attachée à cette prélature. Véritable conseiller de Louis XIV en matière ecclésiastique, c'est lui qui marie secrètement le roi à la Maintenon.

La notice biographique mise en ligne par le diocèse de Paris témoigne d'un certain embarras : « Grand seigneur, courtisan, mondain et cynique, ses mœurs et son train de vie n'étaient pas d'un pasteur évangélique et, ajoutés à sa volonté de diriger l'Église de France, lui valurent inimitiés et oppositions (Bossuet, Fénelon...). On louait cependant son éloquence, la noblesse de ses manières, l'orthodoxie de sa doctrine. »

Sur ce dernier point, en effet, monseigneur ne plaisante pas avec l'hérésie : il joue un rôle important dans la révocation de l'édit de Nantes et fait envoyer des missionnaires en terres huguenotes. C'est lui, également, qui refuse une sépulture chrétienne à Molière. Il est vrai qu'à la mort du vil comédien, en 1673, François de Harlay de Champvallon est membre de l'Académie française depuis deux ans ; le prélat ne peut imaginer que la postérité retiendra, de préférence à son nom illustre, le pseudonyme d'un saltimbanque rattaché à la valetaille du roi...

L'archevêque-duc et académicien mène pour le reste une vie sentimentale bien remplie et, comme le rapporte Saint-Simon, voit « toutes les après-dîner sa bonne amie la duchesse de Lesdiguières », qu'il reçoit en son château de Conflans. À la vesprée, le couple se promène dans le parc, tandis que s'agitent dans son sillage les jardiniers chargés d'effacer immédiatement les traces de pas illégitimes avec leurs râteaux. Puis le tartuffe fait entrer la belle en ses petits appartements – où son maître d'hôtel le retrouve « sur son canapé renversé », nous dit Saint-Simon, sans vie, le soir du 6 août 1695. Officiellement victime d'une crise d'apoplexie, l'archevêque de Paris a rendu l'âme en plein péché de chair.

Mort sans les secours d'un prêtre, ce coquin n'en repose pas moins à Notre-Dame de Paris. (B. F.)

FÉLIX FAURE (1841-1899)

La pompe funèbre

Qui ne connaît la peu édifiante histoire du président Félix Faure expirant à l'Élysée, n'ayant plus « sa connaissance », sortie par une porte dérobée ?... Une anecdote tant de fois racontée qu'elle appartient au patrimoine commun des Français, au même titre que l'inusable gag du président Deschanel tombé du train en pyjama...

« Une simple artère athéromateuse, cassée dans un paroxysme qui n'avait rien de protocolaire, nous enleva ce merveilleux grotesque, quasi couronné », écrivait Clemenceau deux ans après les faits. On lui prête aussi ce résumé plus gaillard de l'affaire Félix Faure : « Il voulut être César et il finit Pompée. »

César, c'est le jeune ambitieux qui est élu député du Havre en 1881, constamment reconduit jusqu'en 1895 et trois fois membre du gouvernement : éphémère sous-secrétaire d'État au Commerce et aux Colonies en 1881, sous-secrétaire d'État à la Marine et aux Colonies de 1885 à 1887, ministre de la Marine en 1894, dans le dernier cabinet de Jules Ferry. Né à Paris le 31 janvier

1841, Félix Faure est le fils d'un industriel du meuble, mais il aura l'habileté de laisser circuler une photo le montrant en tablier de tanneur, au milieu des ouvriers, ce qui le fait passer pour un petit artisan fils de ses œuvres. Au Havre, ce républicain modéré est en réalité un notable influent qui a été consul de Grèce, adjoint au maire, président de la chambre de commerce ; dans l'hémicycle, c'est l'homme des armateurs et des monopoles coloniaux, apprécié pour sa maîtrise des dossiers maritimes et sa prudence pateline. Au début de l'année 1895, la démission du président Casimir-Perier oblige les parlementaires à se réunir de manière impromptue à Versailles pour lui désigner un successeur à l'Élysée. Sa belle prestance et ses réseaux font de Félix Faure un candidat intéressant pour les modérés : devancé par le radical Brisson au premier tour, il bénéficie au second du retrait de Waldeck-Rousseau et, au soir du 17 janvier 1895, devient président de la République française par 430 voix contre 361.

C'est là que Pompée commence à se révéler. Portant beau, aimant le faste, Félix Faure souhaite rehausser le prestige de la fonction présidentielle, singulièrement terne aux débuts de la IIIe République. Les chasses de Rambouillet, c'est lui qui en fait un rendez-vous chic entre tous, de même qu'il prend l'habitude d'inaugurer le Grand Prix d'Auteuil, où il arrive en landau attelé à la daumont, précédé d'un piqueur. Coquet, Félix Faure fait même dessiner un projet de costume présidentiel, chamarré et galonné comme un uniforme impérial, qui est accueilli en Conseil des ministres par un silence gêné… Devant se contenter de l'habit noir au plastron impeccablement blanc, Félix Faure n'en fera pas moins bonne figure devant le tsar, dans les cérémonies qui scellent l'alliance franco-russe. On l'appelle le « Président-Soleil », et le monarque républicain, quoique marié et père de famille, se dit qu'il n'est point de grand roi sans épouses morganatiques. On lui prête de nombreuses conquêtes dans les théâtres subventionnés, mais c'est aux manœuvres des Alpes qu'il croise la charmante

Marguerite Steinheil, dite Meg, épouse d'un peintre à qui les commandes officielles ne vont pas manquer. Cette petite brune potelée, intelligente et particulièrement délurée, achève d'épuiser le chef de l'État, qui la reçoit régulièrement dans les salons élyséens. Le 16 février 1899, après avoir signé quelques papiers, puis écouté assez distraitement l'archevêque de Paris et le prince de Monaco, le président, fatigué mais content, accueille sa chère Meg au salon d'Argent. Bientôt son chef de cabinet, assisté d'un médecin, tente vainement de le ranimer, tandis que dame Steinheil file prestement par une issue discrète. Il s'agit d'une femme mariée, l'adultère est encore un délit à l'époque…

Officiellement, Félix Faure « fut frappé d'une hémorragie cérébrale », thèse encore défendue dans le *Dictionnaire des parlementaires français* publié aux Presses universitaires de France en 1968… Mais les initiés, dès 1899, savent bientôt la vérité, qui va resurgir en 1908 de manière spectaculaire quand la belle Meg se retrouve au centre du « crime de l'impasse Ronsin » – le double assassinat de son mari et de sa mère, auquel elle est soupçonnée d'avoir prêté la main.

Un rapport de police du 24 novembre 1908 fait ainsi état des conversations de couloir à la Chambre, où il n'est plus question que de l'ancienne maîtresse présidentielle : « Il n'y avait de divergence dans les récits que sur la question de savoir si la mort s'était produite à l'Élysée même ou en dehors, mais il y avait accord complet sur ce point capital : c'est au moment même où Félix Faure se livrait à des épanchements très intimes avec Mme Steinheil qu'une crise cardiaque l'a emporté ; et sur la nature de ces épanchements, l'accord était également complet : comme le disait Gérault-Richard, Mme Steinheil, si prodigue d'interviews, avait prouvé dès longtemps, et surtout ce jour-là, à Félix Faure, qu'elle abusait de sa langue… et Félix Faure la laissa causer trop longtemps. »

Surnommée « la Pompe funèbre », Meg est alors soupçonnée par les milieux antisémites d'avoir trempé dans un complot juif… Félix Faure n'était pas ouvertement antidreyfusard, mais sa prudence naturelle l'avait conduit à aborder avec la plus grande réserve la révision du procès Dreyfus. L'auteur de *La France juive*, Drumont, accuse donc Mme Steinheil d'avoir été l'instrument d'un véritable crime, commandité par le « syndicat » des dreyfusards. Comme l'anarchiste Caserio avait poignardé le président Sadi Carnot, « Caseria » aurait tué le président Félix Faure sous ses caresses lascives… On parle de bonbons à la cantharide, aphrodisiaque puissant et dangereux, et même d'un préfreudien « cigare au cyanure » que la conspiratrice aurait offert à son amant présidentiel…

C'est dans ce contexte hautement fantasmatique qu'est jugée Meg Steinheil pour le double assassinat de l'impasse Ronsin, en 1909 : un procès retentissant, à l'issue duquel « la Sarah Bernhardt des assises » sera non seulement acquittée, mais demandée en mariage par un riche sujet britannique, fasciné par cette mystérieuse femme fatale en habit de veuve. Devenue lady Scarlett Abinger, elle finira tranquillement sa vie en héroïne d'Agatha Christie, dans la campagne anglaise, où elle s'éteindra octogénaire le 18 juillet 1954.

Elle survivra plus longuement encore au Sénat français, où une statue de naïade en bronze, posée pendant le procès, a été baptisée « Mme Steinheil » par les sénateurs : les membres de la Haute Assemblée prirent même l'habitude de lui toucher le sein, censé porter bonheur, avant d'aborder la tribune. Localement dépatinée par ces tripotages parlementaires, l'œuvre fut remisée en 1971, puis restaurée : *La Nymphe de la source* est maintenant visible au musée d'Orsay, où les visiteurs continuent de titiller le téton tentateur ; mais aucun cas de mort subite n'a pour le moment été signalé parmi les touristes.

Quant au galant Félix Faure, populaire de son vivant, il fut oublié très vite, et son nom n'aurait sans doute pas survécu dans la mémoire collective sans les circonstances piquantes de sa fin. Clemenceau, toujours prodigue de ses coups de griffe, a ciselé pour lui cette oraison terrible : « En entrant dans le néant, il a dû se sentir chez lui. » (B. F.)

Raymond Théodore Barthelmess dit Henri Calet (1904-1956)

Un cœur gros comme ça

Né le 3 mars 1904 à Paris, Raymond Barthelmess criait « Vive l'anarchie ! » à l'âge de sept ans. Son parcours est pour le moins romanesque. Caché par sa mère en Belgique occupée, le jeune Raymond en tirera plus tard *La Fièvre des polders*. De retour à Paris en 1920, il entre dans la ronde des petits métiers : clerc d'huissier, représentant d'une marque de savon à barbe, assistant de pharmacie… Il est ensuite employé de l'Électro-Câble. Jouant aux courses pour améliorer l'ordinaire, il s'endette. Il se livre alors à des faux en écriture avant de vider le coffre-fort de son entreprise. Dès lors recherché pour escroquerie, il s'embarque pour Montevideo sous la fausse identité d'Henri Calet. Il fréquente alors les proscrits, les agitateurs professionnels qui l'aident à dépenser son butin. En 1934, il est condamné par défaut à cinq années d'emprisonnement.

Rentré à Paris, il publie en 1935 son premier récit, *La Belle Lurette*, que suivra de près *Le Mérinos*, deux textes empreints de tendresse pour les milieux populaires qu'il connaît bien. Toujours hors-la-loi, sans état civil légal, Calet se cache dans la capitale quand la guerre éclate. Il est prisonnier sept mois, expérience qu'il relatera dans *Le Bouquet*, en 1947. À la Libération, il entame une carrière de chroniqueur à *Combat*, dépeignant à la fois le petit peuple et le grand monde. *Le Tout sur le tout*, chronique du XIVe arrondissement, lui offre un large public.

Sa vie sentimentale se complique alors : d'Antoinette, il a eu un enfant, tout en étant l'époux de Marthe. Gallimard le soutient financièrement, encourageant l'écriture d'*Un grand voyage*, dans lequel il consigne ses aventures sud-américaines.

Divorcé, il fait en 1953 la connaissance de Christiane ; il est ensuite victime d'une crise cardiaque. Fumer et boire de l'alcool lui sont désormais interdits. Poursuivant ses activités de reporter, il se fatigue à sillonner la capitale. Une seconde attaque le conduit au repos forcé. Il se réfugie alors à Vence, en avril 1956, avec sa nouvelle conquête. « Vous ne serez pas près d'en avoir fini avec Calet », écrit Pascal Pia dans sa préface à *Contre l'oubli* – au titre prémonitoire –, à paraître en octobre de la même année.

Son médecin lui a dit : « Pas d'efforts violents ! » Mais Henri Calet ne peut s'empêcher de faire l'amour à Christiane. C'est plus fort que lui. Son cœur bat trop vite. La préface de Pia devient notice nécrologique : « Il faisait beau à Vence ce jour-là. On avait déjà dû pavoiser la mairie. Des bals publics se préparaient sans doute. Calet souriait peut-être à l'idée de ces spectacles populaires, que je l'ai si souvent entendu évoquer avec une sympathie amusée… Quelques heures plus tard, une nouvelle crise cardiaque l'emportait. Il était au lit lorsqu'il s'est mis à râler. La mort s'est saisie de lui à l'aube d'un jour de fête : le 14 juillet 1956... »

Depuis quelques années, Calet tenait une sorte de journal destiné à la rédaction d'un roman, *Peau d'ours*. Les dernières lignes de cet émouvant témoignage s'achèvent le 11 juillet. « C'est sur la peau de mon cœur que l'on trouverait des rides. Je suis déjà un peu parti, absent. Faites comme si je n'étais pas là. Ma voix ne porte plus très loin. Mourir sans savoir ce qu'est la mort, ni la vie. Il faut se quitter déjà ? Ne me secouez pas. Je suis plein de larmes. »

Dans son agenda, Henri Calet avait entouré d'un large trait rouge les dates du vendredi 13 et du samedi 14 juillet... (F. Ch.)

Mgr Jean Daniélou (1905-1974)

L'épectase de l'apôtre

Ce lundi 20 mai 1974, dans l'après-midi, l'archevêché a d'abord indiqué au monde chrétien que le cardinal Jean Daniélou avait été terrassé en pleine rue par une crise cardiaque. Quelques heures plus tard, un second communiqué affirme qu'il est mort « chez des amis ». Plus tard encore, le révérend père Costes lâche cette fameuse déclaration : « C'est dans l'épectase de l'apôtre qu'il est allé à la rencontre du Dieu vivant. »

Épectase... Qu'est-ce à dire ? Il faut poser la question à son éminence Mgr Daniélou lui-même. Apparemment, c'est un mot qu'il aimait beaucoup. D'ailleurs, en 1972, toute une cohorte d'admirateurs très-chrétiens lui a fait l'hommage de la publication d'un gros volume intitulé *Epektasis – Mélanges patristiques offerts au cardinal Jean Daniélou*, une collation de textes en français, latin, anglais et allemand. L'introduction de cet indispensable ouvrage nous livre la clef : « Au cœur du vocabulaire spirituel de Grégoire de Nysse, ce mot résume la tension de l'âme hors d'elle-même à la rencontre de Dieu. »

Monseigneur est poursuivi, apparemment, par le côté lubrique du mysticisme. Jean Daniélou est agrégé de grammaire. Entré au noviciat des Jésuites à Laval en 1929, il soutient sa thèse de doctorat en théologie en 1943, puis publie quantité d'ouvrages sur l'histoire des origines chrétiennes, les manuscrits de la mer Morte, la Trinité... Cardinal en 1969, il est élu à l'Académie française le 7 novembre 1972, au fauteuil de Mgr Tisserant. Toute sa vie, c'est un porteur intrépide de l'Évangile, un apôtre vibrionnant, d'une fougue à nulle autre pareille, un véritable halluciné de la parole du Christ. Il est, de plus, perpétuellement bouleversé par l'image de Marie-Madeleine. Ah, Rubens !... Il faut lui reconnaître des vues moins hypocrites que l'essentiel de sa confrérie sur les choses du sexe. Il déclare en 1969 : « La sexualité est un don de Dieu. La rencontre d'un homme et d'une femme est le grand acte de l'univers. Je comprends, personnellement, que certains prêtres soient sensibles à la beauté, au charme d'une femme. [...] L'hypocrisie n'est pas bonne conseillère. [...] On attend trop du prêtre, et il n'est qu'un homme. »

Le dimanche 19 mai 1974, Valéry Giscard d'Estaing est élu président de la République française. Au lieu de regarder tranquillement la télévision, Son Éminence cabotine, au grand pardon de saint Yves, à Tréguier. Il fait en Bretagne une chaleur aussi exceptionnelle qu'accablante et Daniélou virevolte à qui mieux mieux au soleil, toute la journée. Il rentre à Paris un peu fatigué, sans plus.

Le lendemain lundi, Gilberte Santoni, née Weber et dite Mimi, vingt-quatre ans, appelle Police-Secours à quinze heures quarante-huit : Mgr Daniélou gît chez elle au 56 de la rue Dulong, Paris XVIIe, inanimé ou presque.

Alors défilent au quatrième étage, dans le plus grand désordre, le brigadier Gilbert Baudet qui aura le privilège de faire du bouche-à-bouche au prince de l'Église, un toubib qui diagnostique la mort du prélat par crise cardiaque, une copine de Mimi qui comme elle allume les hommes à *La Douaisienne*, pas mal d'ecclésiastiques, deux journalistes très rapidement éconduits et, pour finir, Son Excellence le nonce apostolique en personne.

Daniélou n'était venu voir Gilberte que pour lui donner un peu d'argent, de sorte qu'elle puisse payer l'avocat de son maquereau corse qui croupissait à la Santé pour proxénétisme : telle est la dernière pirouette connue de l'archevêché…

Apprenant l'affaire, les journalistes du *Canard enchaîné* s'en sont donné à cœur joie, et l'hermétique mot « épectase » a connu grâce à eux un élargissement sémantique notable. (O. Ch.)

Épectase : trois cas douteux

Le cas du général Holopherne n'est attesté que dans la Bible : alors qu'il assiégeait la ville de Béthulie, ce militaire assyrien a été séduit par Judith qui, attendant qu'il s'endorme repu, l'aurait décapité pour sauver la ville.
Plus polémique, au temps des guerres de Religion : la mort de Pie IV (1499-1565), élu pape en 1559, qui aurait rendu l'âme dans les bras d'Elvira Cagliari, courtisane romaine.

Enfin, plus près de nous, comment ne pas citer le général Sani Abacha (1943-1998), dictateur du Nigéria de 1993 à sa mort ? Officiellement, il est terrassé par une attaque, le 8 juin 1998. Depuis, des rumeurs n'ont cessé de circuler sur les causes et circonstances de cet accident cardiaque : le chef de l'État nigérian serait tombé alors qu'il s'ébattait parmi une demi-douzaine de poules de luxe, ayant abusé du Viagra. Certains de ses partisans ont habilement retourné la rumeur en affirmant qu'une des filles, à la solde d'un rival, lui aurait fourni une pilule bleue empoisonnée : version modernisée du fameux « cigare au cyanure » du président Félix Faure...

....

III

Trop radins

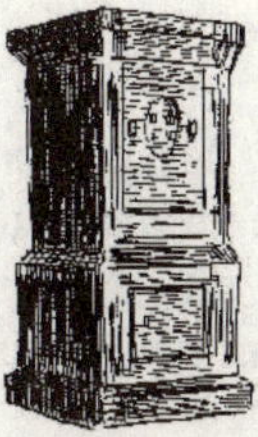

On assure qu'un fermier général du Languedoc nommé Foscué, au XVIIIe siècle, s'enferma par inadvertance dans la cave aux trésors de son château : on y retrouva son squelette, des décennies plus tard, avec les reliquats des vêtements et des bougies qu'il avait mangés, avant de mourir de faim au milieu de tout son or… Comme l'amour des femmes ou celui de la table, la passion immodérée des richesses a précipité des fins pitoyables, qui ont le goût amer de la justice immanente.

Marcus Licinius Crassus (115-53 av. J.-C.)

L'or à la bouche

Issu d'une famille aristocratique, il fuit Rome pour l'Andalousie peu après l'assassinat de son père et de son frère, afin d'échapper aux proscriptions de Cinna. Durant la guerre civile romaine (87-82 av. J.-C.) qui s'ensuit, Crassus s'allie avec Sylla et s'illustre par sa bravoure et son sens tactique qui lui permettent de vaincre Marius, successeur de Cinna, et de s'emparer de Rome.

Grand bénéficiaire des proscriptions ordonnées par Sylla et particulièrement âpre au gain, Crassus devient l'un des hommes les plus riches de Rome et prend le nom de Marcus Licinius Crassus *Dives* (Marius Licinius Crassus « le Riche »).

En 73 av. J.-C., la révolte des esclaves, menée par Spartacus, menace Rome ; Crassus reçoit les pleins pouvoirs pour mater la rébellion. En 71, il fait crucifier pour l'exemple six mille prisonniers tout le long de la voie Appienne, tandis que Pompée écrase les survivants en déroute. De retour à Rome, Crassus et Pompée instaurent un double consulat et abrogent les lois promulguées par Sylla.

Inquiet de l'influence croissante de Pompée, Crassus favorise l'ascension au poste de consul d'un jeune tribun de la plèbe du nom de Jules César, pour contrer son adversaire. Jules César, peu reconnaissant, ne tardera d'ailleurs pas à s'allier avec Pompée pour évincer politiquement son mentor. Devenu impopulaire à cause des impôts destinés à lever plusieurs armées en Orient, Crassus quitte Rome en 54 av. J.-C. pour rejoindre la province de Syrie, dont le gouvernement lui a été attribué. En chemin, il pille le trésor du temple de

Jérusalem et franchit l'Euphrate pour affronter le roi des Parthes Orodès II.

Crassus est défait par le général Suréna, mais les raisons de sa mort restent nimbées de mystère. Selon certains historiens classiques, il serait mort au combat, mais peut-être s'agit-il d'une confusion avec son presque homonyme de fils qui s'est suicidé plutôt que de tomber vivant aux mains de l'ennemi ; tandis que Plutarque assure qu'il a été trahi et exécuté par un de ses esclaves. Selon Dion Cassius, Crassus a été tué lors d'une entrevue avec le général Suréna, qui fit couler de l'or en fusion dans la bouche du vaincu, en lui disant : « Rassasie-toi de ce métal dont tu es si avide ! » (D. A.)

Jean Chapelain (1595-1674)

Rat de bibliothèque

Né à Paris le 4 décembre 1595, fils d'un notaire au Châtelet, Jean Chapelain aurait sans doute suivi la carrière paternelle si sa mère n'avait connu et admiré Ronsard. Poussé vers les lettres, Chapelain fait ses humanités et apprend l'italien ainsi que l'espagnol, si bien qu'il publie une traduction remarquée de *Guzman d'Alfarache*. Savant, habile, il écrit des préfaces, des critiques, obtient des pensions de puissants protecteurs, même si son œuvre personnelle tarde à se révéler. Chapelain appartient au petit groupe d'hommes de lettres appelés à fonder l'Académie française : Richelieu fait de lui l'un des commissaires chargés d'en rédiger les statuts.

L'académicien conseille aussi Colbert, qui lui confie le soin d'établir la liste des auteurs dignes de bénéficier de ses libéralités. Malgré toutes ces activités politico-mondaines, Chapelain trouve le temps de composer son grand œuvre, *La Pucelle ou la France délivrée*, épopée johannique en vers dont il publie les douze premiers chants en 1656. Un pensum si indigeste que les douze derniers chants ne paraîtront qu'en… 1882.

Si Chapelain a mis plus de trente ans à composer sa *Pucelle*, c'est sans doute pour faire durer la pension que lui servait son mécène, le duc de Longueville… Car, Boileau et ses contemporains le savent, ce ministre de la Culture avant la lettre est d'abord très ami de l'argent.

Officiellement mort d'une attaque, l'avare Chapelain a attaché son nom à une anecdote souvent reprise de la *Biographie universelle ancienne et moderne* Michaud : «Un jour qu'il allait à l'Académie par un temps de pluie, n'ayant voulu ni payer pour passer le ruisseau sur une planche, ni attendre qu'il fût moins large, dans la crainte de perdre ses jetons, il eut, en le traversant, de l'eau jusqu'à mi-jambes, et, arrivé à l'Académie, au lieu de s'approcher du feu, il s'assit à un bureau, pour qu'on ne s'aperçût pas que ses jambes étaient mouillées. Le froid le saisit, et il en eut une oppression de poitrine, dont il mourut le 22 février 1674, âgé de soixante-dix-neuf ans.»

Mort de n'avoir pas renoncé à son jeton de présence, l'académicien Chapelain laissait une fortune de cinquante mille écus qu'on trouva chez lui. (B. F.)

Jack Daniel (1846-1911)

Le distillateur avait du coffre

Mister Daniel est un homme heureux, même si ce bonheur s'est construit aux dépens de la santé cardiovasculaire de ses contemporains. Il a acheté en 1863, à son oncle pasteur, une vieille distillerie dans un trou perdu du Tennessee et en a fait une affaire de renommée internationale.

On se doute qu'un patron qui mène une entreprise à ce degré de réussite est un homme de caractère, doté d'une énergie et d'un tempérament considérables. Aussi, quand ce matin de 1911, pressé et de mauvaise humeur, il a besoin de retirer d'urgence de l'argent de son coffre, une exaspération paroxystique l'envahit quand il constate que la combinaison qu'il vient de composer n'est pas la bonne, ni la deuxième, ni la troisième. La porte reste obstinément close : une fois de plus, il a oublié le numéro.

Il a mené en quarante ans son usine au zénith du succès, il y a élaboré un des whiskies les plus célèbres du monde, le Jack Daniel's ; il a essaimé dans tous les pays ses bouteilles si reconnaissables par leur forme carrée et leur étiquette noire, il a fait de son breuvage une boisson nationale, à tel point que l'appellation contrôlée « whisky du Tennessee » n'a été créée que pour lui ; au seuil de la retraite, il a laissé sa florissante entreprise à son neveu de confiance, son nom est sur toute la planète synonyme de saveur et de qualité, on se retourne sur son passage, et il est là, désemparé, devant un foutu bloc de métal inerte qui refuse de lui livrer son argent.

Il est en retard, nul autre que lui ne connaît la combinaison et, le temps qu'il appelle un serrurier, sa journée sera perdue. Il recompose pour la dixième fois une tentative de code, mais la porte ne veut rien savoir : on peut imaginer le boss écumant, hurlant des « saloperie de saloperie de machine à la con » en américain avec plein de *fuck* et *son of a bitch*. En vain. Sa puissance de grand industriel couvert de gloire ne peut rien contre l'acier intraitable. Alors, fou de rage, il donne un coup de pied dans le meuble, de toute la force de sa colère. Et sa colère était grande, car la douleur est immédiate et insupportable. Le médecin diagnostique une fracture de l'orteil avec plaie ouverte. En ces temps d'asepsie incertaine, la plaie a la mauvaise idée de s'infecter puis de dégénérer en septicémie. Jack Daniel meurt au bout de quelques jours et, dans son coin, le coffre ricane.

Le coffre tueur existe toujours, il n'a pas bougé de son emplacement dans le bureau du fondateur, on le montre aux touristes venus du monde entier visiter la distillerie en leur racontant l'anecdote, et tous se photographient hilares en train de frapper le meuble ingrat.

Ils n'ont d'ailleurs que ça à faire, les touristes, parce que, si on peut s'avaler le whisky tennessien dans le monde entier, à la distillerie Jack Daniel's et dans ses environs, on ne peut pas. On n'a pas le droit. En effet, le trou perdu où se situe l'usine, près de Lynchburg, s'appelle le comté de Moore. Or, ce comté fait partie de ces quelques localités dites « sèches », curiosités typiquement américaines car, conservant des lois inchangées depuis la prohibition, elles interdisent toujours la vente et la consommation d'alcool sur leur territoire. (B. L.)

Edmond Toussaint (1849-1931)

Le révolutionnaire radin

Comme Jules Vallès, Paschal Grousset, Louise Michel et de nombreux autres communards, Edmond Toussaint est né en province, à Lunéville (Meurthe-et-Moselle), le 16 juillet 1849. Fils d'un facteur rural, il est encore enfant quand la République démocratique née en 1848 est étouffée par Louis Napoléon Bonaparte, le 2 décembre 1851. Il a vingt et un ans lorsque le Second Empire s'effondre, le 4 septembre 1870, devant l'avancée des Prussiens.

Engagé dans le 16e bataillon des mobiles de la Seine, le jeune Edmond Toussaint subit les épreuves du siège de Paris ; quand le gouvernement légal installé à Versailles négocie avec l'envahisseur, il prend le parti de la Commune.

Son rôle y est modeste, celui d'un obscur combattant qui ne laisse pas de traces marquantes. On ignore aussi comment il échappe à la répression des Versaillais. Mais Edmond Toussaint demeure un révolutionnaire, qu'on retrouve dix ans plus tard dans les meetings d'extrême gauche. Fondateur des journaux anticléricaux *La Pensée libre* et *L'Excommunié*, il est membre dès 1880 du Parti ouvrier français, puis du Parti ouvrier socialiste révolutionnaire, constitué en 1891. C'est sous les couleurs du POSR qu'il se fait élire député du XIe arrondissement de Paris aux législatives de 1893. Favorable à « l'acheminement vers une société communiste », il réclame la journée de huit heures, le repos hebdomadaire, l'égalité des salaires masculins et féminins et la suppression du Sénat. À la tribune, il tonne contre la société bourgeoise, apostrophant les plus réactionnaires de ses collègues par le titre de « citoyen ».

Battu de justesse aux législatives de 1898 et plus sévèrement au renouvellement de 1902, Edmond Toussaint abandonne la politique pour se consacrer aux affaires, amassant d'ailleurs un confortable pécule.

Au début de l'année 1931, il fait partie des derniers survivants de la Commune. Mais, contrairement à Zéphirin Camélinat, que les communistes ont présenté à l'élection présidentielle de 1924 et qui vient chaque année s'incliner devant le mur des Fédérés, les partis de gauche ne se le disputent pas... Enrichi, l'ancien socialiste a sombré dans une avarice absolument sordide, que plus rien ne tempère après la mort de sa femme. Propriétaire de deux immeubles, il vit sans électricité, sans hygiène : vêtu comme un clochard, il est connu pour rechercher sa pitance dans les poubelles des voisins, tout au long de la rue Michal où il réside, dans le XIIIe arrondissement.

Chez lui, le tuyau d'arrivée du gaz est si vétuste qu'il se fendille de partout. Le remplacer ? C'est des frais !... Edmond Toussaint ne peut se résoudre à une pareille dépense : ramassant çà et là des vieux chiffons, des bouts de ficelle, il le rafistole lui-même, scrogneugneu. Le lendemain, sa concierge le découvre trop tard, à moitié asphyxié. Il est transporté à l'hôpital Cochin, où il achève d'expirer le 26 février 1931 : l'ancien apôtre de la révolution sociale est mort de n'avoir pas voulu lâcher quelques francs. (B. F.)

IV

Trop curieux

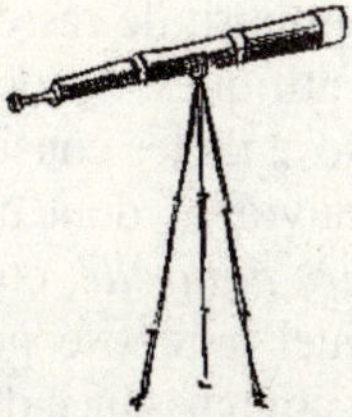

« Science sans conscience n'est que ruine de l'âme », c'est entendu ; mais science sans prudence, ce n'est pas excellent non plus pour le corps. Sait-on que les restes mortels de Marie Curie, aujourd'hui encore, gisent dans un cercueil de plomb, pour préserver de ses radiations les touristes qui visitent le Panthéon ? Nombreux furent, avant elle, les savants martyrs des bibliothèques, les accidentés des laboratoires, les victimes de leurs propres inventions : ils sont morts parce qu'ils en savaient trop.

Pline l'Ancien (23-79)

Le naturaliste naturalisé

Figure prodigieuse du monde antique, parangon du savoir, Pline, dit l'Ancien pour le distinguer de son neveu, a eu une mort digne de son ambition. Ce notable hyperactif, qui après diverses fonctions politiques et militaires devint amiral de la flotte romaine, a développé tout au long de son existence une volonté encyclopédique peu commune : il entreprit de rassembler l'essentiel des connaissances scientifiques, géographiques et historiques de son époque et de les consigner dans un nombre invraisemblable d'ouvrages dont un seul complet nous est parvenu : *Histoire naturelle*, composé de trente-sept volumes et sur lequel a reposé pendant de nombreux siècles la principale connaissance de l'Antiquité.

La source est fiable : son neveu orateur, tout aussi célèbre sous le nom de Pline le Jeune, a raconté sa mort spectaculaire par le menu dans une lettre à Tacite, écrite aux alentours de l'an 107, soit vingt-huit ans après les faits, mais dans laquelle il rapporte des « témoignages directs recueillis sur le moment ». Alors âgé de cinquante-six ans, le tonton résidait donc en famille dans une petite bourgade appelée Misenum, à l'ouest du golfe de Naples, où relâchait une partie de la flotte romaine. Il était en train de bosser sur ses écrits après le déjeuner, en cet après-midi du 24 août 79, lorsque sa sœur l'appelle sur la terrasse : un panache de fumée gigantesque s'élève dans le ciel de l'autre côté du golfe, « semblable à un pin » (parasol, ça va de soi) : c'est l'éruption du Vésuve. Le sang du savant militaire ne fait qu'un tour, voilà un événement qui mérite d'être regardé de près ! Il propose à son neveu homonyme de l'accompagner, lequel décline poliment, il a du travail.

Le tonton s'embarque donc sur un de ses navires légers : cap sur le panache. Très vite, le bateau croise un flot inverse d'embarcations chargées de fuyards, le ciel s'assombrit et lâche une pluie de cendres et de scories, mais l'amiral rejette avec dédain la suggestion du pilote de faire demi-tour : on ne va tout de même pas rater ça, d'ailleurs, il veut rendre visite à son copain Pompidonius qui habite Stabies, village du littoral proche de Pompéi, aux premières loges de l'éruption. Pline débarque donc dans la bourgade en pleine panique et retrouve son ami sur le point de se carapater avec armes et bagages. Il l'en dissuade et, pour le rassurer, lui propose de dîner tranquillement, d'observer de concert le phénomène une coupe de vin à la main et puis d'aller dormir en attendant que le vent tombe pour rembarquer. Oui : il va *dormir* ! Tout cela, dans les grondements, les secousses telluriques et les maisons qui s'enflamment çà et là sous la pluie de scories brûlantes qui s'aggrave. Quelques heures plus tard, c'est quand l'épaisseur des cendres va bientôt l'empêcher de sortir de sa chambre que ses hommes réveillent le champion de l'optimisme. Il n'est presque plus possible d'évoluer à l'extérieur tant les retombées pyroclastiques sont maintenant grosses et blessent les habitants. C'est avec « un coussin sur la tête retenu par un ruban » que la petite bande descend sur le rivage pour y trouver une mer toujours démontée. Alors, que fait Pline ? Il étend un drap dans un coin abrité et se recouche ! Mais quand il veut se relever, il a moins la forme. Il semble que l'atmosphère chargée de soufre et de poussière volcanique ait été insupportable pour, le neveu *dixit,* ses insuffisances respiratoires. Deux esclaves maintiennent le savant pour le tenir debout, mais il s'écroule. On retrouvera son corps intact sous les cendres, au même endroit, après l'éruption. (B. L.)

Jean XXI (v. 1205-1277)

Le poids du savoir

Élu au trône de saint Pierre le 13 septembre 1276, Jean XXI est le seul pape portugais de l'histoire : il est né Pedro Julião, à Lisbonne, ce qui ne l'empêchera pas d'être surnommé « Pierre d'Espagne ». C'est aussi un pape mal numéroté, puisqu'il n'y a jamais eu de « Jean XX ».

Le court pontificat de Jean XXI offre quelques particularités historiques originales. Le souverain pontife, en effet, se signale par son intérêt, en sus de la théologie, pour la médecine, la chirurgie et surtout l'ophtalmologie, matières qu'il a apprises à Paris et enseignées à Sienne de 1245 à 1250. Cette honorable passion causera sa perte. Peu après son élection, Jean XXI fait installer un cabinet médical dans le palais des papes de Viterbe, où il réside la plupart du temps. Début mai 1277, probablement sous le poids des nombreux ouvrages et des instruments médicaux qu'il a réunis, le plancher du cabinet s'écroule, entraînant son auguste locataire dans sa chute. Jean XXI décède le 20 mai 1277, des suites de ses blessures. (D. A.)

Francis Bacon (1561-1626)

Trop près de la mort

Avant le peintre torturé Francis Bacon, il y avait un homonyme au parcours bien plus sage, du temps où les hommes politiques se targuaient d'être philosophes.

L'homme est anglais, baron de Verulam et vicomte de St. Albans. Avocat puis membre de la Chambre des communes, il développe très précocement un goût invétéré pour les sciences, champ de recherche où il peut laisser libre cours à son insatiable curiosité. Il faut dire que c'est un véritable génie ! À douze ans seulement, en avril 1573, il a franchi les portes de l'université de Cambridge…

Aux côtés de la reine Élisabeth, puis du roi Jacques Ier, il va gravir un à un les échelons du pouvoir, jusqu'à devenir Lord Keeper (c'est-à-dire garde des Sceaux) et même chancelier à l'âge de cinquante-sept ans. Mais cette ascension fulgurante attise les jalousies.

Accusé de corruption, mais aussi d'homosexualité, il est vite désavoué : en 1621, il est condamné à une forte amende – qu'il ne paiera finalement pas – et emprisonné dans la Tour de Londres – dont il sera libéré quelques jours plus tard par le roi lui-même.

Dans les années qui suivent, il ne se consacre plus qu'à sa vocation de scientifique et philosophe. Son génie est tel que certains se sont acharnés, en vain, à prouver que les écrits de Shakespeare sont en réalité de la main même de Bacon, voire que ces deux individus ne font qu'un… Fantasme.

Bacon est un expérimentateur. Il organise véritablement l'empirisme dans sa forme moderne, réalisant parfois des manipulations dangereuses. S'intéressant aux soins de conservation corporelle, à la décomposition et putréfaction des cadavres…

Intoxication aux métaux lourds, plomb et arsenic étant alors utilisés pour embaumer les macchabées ? Infection contractée au contact des miasmes cadavériques ? On ne sait pas exactement, mais il tombe gravement malade le 6 avril 1626.

Il a le temps de décrire son trépas et se compare à Pline l'Ancien : « Il était dans ma destinée de finir comme

Pline l'Ancien, qui mourut pour s'être trop approché du Vésuve, afin d'en mieux observer l'éruption. Je m'occupais avec ardeur d'une ou deux expériences sur l'endurcissement et la conservation des corps, tout en me réjouissant à souhait, quand, chemin faisant il me prit, entre Londres et Highgate, un si grand vomissement que je ne sais si je dois l'attribuer à la pierre [calculs urinaires], à une indigestion, au froid ou à tous les trois ensemble » (*Lettre à lord Arundel*).

La mort le fauche le 9 avril 1626 : il n'a que soixante-cinq ans. À force de trop s'approcher des cadavres, on finit par en devenir un soi-même… (Ph. Ch.)

JOACHIM FELLER (1638-1691)

Un document = une cote

La production intellectuelle a ceci d'énervant qu'elle surgit en flot continu, provenant de multiples cervelles qui ne se préoccupent jamais d'en ordonner la somme. Il faut pour cela des adjoints, aussi précieux que dédaignés, aux poètes et aux savants : ce sont les archivistes et les bibliothécaires.

Joachim Feller s'aperçoit assez tôt de cette impérieuse nécessité. Encore enfant, il trousse des vers en abondance et avec grande facilité, en allemand et en latin. Et dès que leur quantité atteint un certain volume critique, il lui apparaît qu'il faut leur associer des titres, des dates, des cotes et les classer soigneusement, sans quoi on ne les retrouve pas. Feller n'est pas maniaque : il aime l'ordre, ce n'est pas pareil.

Devenu jeune homme, il quitte sa petite ville de Zwickau pour aller conquérir Leipzig, le grand centre intellectuel voisin, où il est précepteur avant d'obtenir une charge d'enseignement à l'université. Il enseigne la théologie, la philosophie, la poésie, tout en lorgnant les précieux ouvrages de la bibliothèque qui moisissent dans une scandaleuse anarchie.

Cet homme si austère, qui se consacre tout entier à sa scrupuleuse besogne de poète et de théologien, a cependant la joie d'épouser la sœur d'un de ses élèves, de vingt-cinq ans sa cadette. On peut être tatillon, on n'en est pas moins homme. Il fera quatre enfants à la jeunette, dont l'un, Joachim Friedrich, sera disciple et collaborateur de Leibniz.

Auparavant, en 1676, Feller a été nommé bibliothécaire en chef de la prestigieuse université de Leipzig. Ses mains sont enfin libres, et il s'attelle à son grand œuvre : l'inventaire des manuscrits de la bibliothèque, comprenant les textes théologiques, juridiques, médicaux, philosophiques et philologiques. Une fois publié le catalogue des manuscrits, voilà l'infatigable qui embraie sur le catalogue des imprimés !

Mais la nomenclature, la classification, les cotes, les notices, les fiches, les rayonnages, c'est usant et obsédant. Une nuit d'avril 1691, lors d'un accès de somnambulisme, Joachim Feller choit mortellement par la fenêtre de son domicile. (O. Ch.)

Georg-Wilhelm Richmann (1711-1753)

Éclair de génie

Georg-Wilhelm Richmann naît le 22 juillet 1711 à Pernau, au bord de la mer Baltique (aujourd'hui Pärnu, en Estonie). Il entre à l'Académie des sciences de Saint-Pétersbourg en 1741, dans le département de physique. Ses recherches expérimentales font de lui un pionnier dans le domaine de l'électricité atmosphérique. Benjamin Franklin réussit en 1750 à faire voler, lors d'un orage, un cerf-volant relié à une clef métallique. À sa suite, le Français Dalibard utilise une tige verticale de cinquante pieds pour attirer le fluide électrique d'un orage. Richmann ne sera pas en reste et entend mener ses propres expérimentations dans ce nouveau domaine de la science.

Le 7 août 1753, participant à une réunion de l'Académie, il entend soudain le tonnerre gronder. Il retourne précipitamment chez lui afin d'en rapporter l'électromètre qui lui permettra d'évaluer la puissance de cette tempête céleste et d'immortaliser le moment. L'expérience est en cours, une boule de foudre se forme, frappant la tête de Richmann comme un vulgaire paratonnerre. La foudre éventre ses chaussures, brûle ses vêtements, anéantit le graveur de l'appareil. Électrisé par sa curiosité, il en a oublié de s'écarter de la tige métallique conductrice. Pour la première fois dans l'histoire, un homme meurt d'avoir voulu manipuler l'électricité. (F. Ch.)

Xavier Bichat (1771-1802)

La revanche des cadavres

La médecine moderne est « sortie du tablier de Bichat », dira Flaubert. Ce futur adepte du microscope voit le jour à Thoirette le 14 novembre 1771. Fils de chirurgien, il prend plaisir à disséquer des petits chats, jamais rebuté par l'odeur méphitique des cadavres. Ayant prêté serment à Hippocrate, il arrive à l'Hôtel-Dieu, le « rasoir égalitaire » exerçant sa terreur sur le peuple parisien. Son principe d'observation le conduit à des virées nocturnes dans les cimetières, où il fait provision de dépouilles afin d'affiner le tranchant de son scalpel devant les premiers élèves de son cours de médecine opératoire, à la chaire d'anatomie. Ce violateur de sépulcres mène les expériences qui le conduisent à publier en 1801 ses *Recherches physiologiques sur la vie et la mort*, fruits de ses travaux sur les tissus organiques, détenteurs des principes vitaux : « La vie est l'ensemble des fonctions qui résistent à la mort. »

Le surmenage guette ce vitaliste qui a emprunté plus de cinq cents macchabées à dame Nature pour les besoins de son *Anatomie descriptive*. La canicule règne en ce 7 juillet 1802. Bichat, entouré de quelques élèves, pratique ses observations coûte que coûte. Un laborantin débouche un flacon où macère de la peau depuis plus de trois mois. La puanteur atteint aussitôt le plus haut degré de l'insoutenable. Tous les élèves battent en retraite, invitant leur maître à les imiter. Bichat demeure seul en compagnie de deux aides à l'odorat blindé. Le docteur finit par ressentir le besoin d'aller respirer l'air libre. Traversant la cour de l'Hôtel-Dieu, il est pris de malaise : l'épuisement général se répand dans tout son organisme. Il tombe à la renverse et perd connaissance. Ses disciples Corvisart et Pinel le conduisent au lit, tandis qu'une affreuse céphalée le tyrannise. Le malade réclame des sangsues qu'il s'applique derrière les mastoïdes. Après une agonie d'une quinzaine de jours, malgré l'application de vésicatoires aux cuisses, les sinapismes aux pieds, les frictions à l'alcool camphré, Bichat se sépare de son corps le 22 juillet.

Le bon Dr Roux, malgré son immense chagrin, pratique l'autopsie de son ami, lui rendant les hommages de la science. Il conclut à une méningite aiguë. À Notre-Dame, les funérailles sont grandioses, même si le célèbre physiologiste n'a pas laissé de quoi régler la note. En 1843, David d'Angers élève sur une place de Bourg-en-Bresse un monument à la gloire de Bichat. En 1845, le premier congrès médical forme le vœu d'un hommage au révolutionnaire de la médecine. Ses restes quitteront le cimetière Sainte-Catherine pour la nouvelle nécropole du tout-Paris : le Père-Lachaise. Le jour du transfert macabre, les ossements sont recueillis, moins la tête. Mû par un étrange sentiment d'adoration pour son mentor, le Dr Roux en avait effectué le prélèvement quarante ans plus tôt, avec la complicité d'un croque-mort.

Le 16 novembre au matin, pris d'un remords, le Dr Roux vient au congrès, le crâne de son maître sous le bras, emballé dans du papier. On reconstitue le squelette du trépassé, ardent défenseur des autopsies. C'est bien le chef de Bichat, selon son autodescription minutieuse : « J'ai la première grosse molaire supérieure gauche un peu cariée et, de temps en temps, elle me fait beaucoup souffrir. Or toujours alors, la molaire du côté droit devient douloureuse quoique intacte. » (F. Ch.)

Charles-Valentin Alkan (1813-1888)

Un Talmud à bascule

La famille Alkan est juive et nombreuse – cinq frères et une sœur, tous musiciens. Le petit Charles-Valentin est le plus doué. Au Conservatoire, il obtient successivement le premier prix de solfège à sept ans en 1821, celui de piano en 1824, celui d'harmonie en 1827, celui d'orgue en 1834.

Techniquement, c'est un virtuose étourdissant. Il interprète à la perfection Beethoven et Bach, à une époque où ces auteurs sont encore peu joués, et sera l'un des premiers membres français de la *Bachgesellschaft*. Alkan fait partie de la « génération 1810 », avec Liszt, Chopin, Wagner, Mendelssohn, Schumann, Verdi… D'un tempérament excessivement solitaire et méditatif, allant jusqu'à la marginalité, il restera célibataire, malgré la naissance en 1839 d'Élie Delaborde, fils naturel qu'il a eu avec une femme plus âgée que lui.

De même qu'il a, de son vivant, fui la gloire, en apparence tout au moins, Alkan a été relativement épargné par la postérité. Cela tient principalement à ce que ses œuvres sont d'une extrême difficulté d'exécution. À côté, les *Études* de Chopin sont des exercices pour débutants, à en croire les pianistes. Certains s'y sont néanmoins frottés, ces dernières décennies, se risquant à enchaîner des triples croches à vous faire avoir des entorses aux doigts, dans des mouvements vertigineux, longs parfois d'une demi-heure.

C'est peut-être, au moins en partie, sa mort idiote qui l'a sauvé de l'oubli complet.

Cependant, il ne faut pas s'imaginer un Alkan tout à fait lugubre. Ses excentricités sont innombrables. On ne le voit que vêtu de l'habit ou de la redingote, avec cravate blanche et chapeau haut de forme. L'homme est empli d'une grande fantaisie, rentrée, certes, mais réelle.

Il possède de très nombreux perroquets qui, sans doute, sifflent avec une justesse parfaite certaines mesures injouables des œuvres de leur maître. Il s'est d'ailleurs rendu l'auteur d'une *Marche funèbre pour la mort d'un perroquet*, dans laquelle le chœur répète inlassablement : « As-tu déjeuné, Jacquot ? »

Alkan avait commandé à la maison Érard la construction d'un piano-pédalier, doté de trente-deux notes aux pieds, en plus du clavier manuel. Il a composé de nombreuses œuvres pour cette sorte de chimère instrumentale, hybride de piano et d'orgue, dont *Douze études pour les pieds seulement*. L'instrument est visible au musée instrumental de la Cité de la musique à Paris.

Charles-Valentin Alkan affecte un détachement total vis-à-vis des honneurs, de la gloire et des gratifications dont ses contemporains sont si friands. Ce qui ne l'empêchera pas, vers l'âge de quatorze ans, de pleurer de rage toute la nuit après avoir entendu un Franz Liszt absolument impeccable, ni de courtiser, bien plus tard et très maladroitement, le prince Orloff, dans l'espoir que ce dernier lui obtienne la Légion d'honneur. Il est scandalisé lorsque son frère Napoléon, professeur au Conservatoire, reçoit la distinction que lui-même ambitionnait en secret. Et quand vient le tour de son propre fils, Élie Delaborde, Alkan manque avaler son chapeau.

Vivant selon des habitudes horaires extrêmement bien réglées, il quitte systématiquement, à dix heures pétantes, les soirées auxquelles il est invité, parfois au beau milieu d'une conversation avec un personnage influent. Si par bonheur, par hasard ou par compassion, un officiel lui propose de prendre telle charge, Alkan pose généralement un lapin au monsieur, et la sinécure lui échappe. De telles manières ne sont pas pour le faire apprécier du monde. On se demande quelles sont, dans son attitude, les parts d'humour, de mépris du genre humain et d'incapacité sociale.

Alkan passe les quinze dernières années de sa vie dans une réclusion à peu près totale. En tout cas, on n'a trace d'aucune œuvre qu'il ait composée après 1872.

Il conserve ses habitudes maniaques, qui peut-être auraient pu lui épargner, à quelques minutes près, sa mort stupide. La concierge d'Alkan lui prépare tous les jours son déjeuner, et le fantasque musicien descend chercher sa pitance à la loge, à heure fixe comme il se doit. Le vendredi 30 mars 1888, la pipelette et la gamelle, prêtes à l'heure exacte, attendent vainement M. Alkan. La concierge s'inquiète assez vite de cette transgression soudaine d'habitudes si bien réglées et monte avec son double des clefs. Elle entend râler faiblement à l'intérieur de l'appartement, ouvre, entre et découvre le pauvre bougre gisant sous les rayonnages écroulés de sa bibliothèque. Elle appelle à la rescousse des ouvriers qui travaillent dans l'immeuble. Ceux-ci portent le malheureux sur son lit, où il meurt vers trois heures sans qu'on ait pu le ranimer.

Le pianiste Isidore Philipp, alors tout jeune, a reconstitué ainsi la mort d'Alkan : ce matin-là, le compositeur est pris d'une envie soudaine de décortiquer tel passage du *Talmud*. Le *Talmud* est le livre parfait, il n'en existe aucun qui lui soit supérieur dans les connaissances qu'il apporte à l'homme. Par conséquent, ce livre est rangé tout en haut de la bibliothèque, au-dessus de tous les autres. On imagine la scène : Alkan se hausse sur la pointe des pieds, déploie ses grands bras afin de saisir le précieux ouvrage, peine à l'atteindre, s'aide en agrippant un montant du meuble. La bibliothèque est mal fixée, patatras, voilà un des plus grands pianistes de tous les temps enseveli sous des quintaux de musique et de savoir. Sa disparition passe quasiment inaperçue. Un tout petit cercle de fidèles accompagne la dépouille de ce grand excentrique au cimetière de Montmartre, le 1er avril. On s'apercevra que l'artiste maudit est parti en laissant un capital de 115 000 francs-or.

D * CASANAVE

Comme il se doit, la version d'Isidore Philipp, qui était des funérailles, est contestée. Une de ses anciennes élèves s'insurge énergiquement contre ce prétendu bobard, et rectifie : Alkan n'est pas mort écrasé par sa bibliothèque, mais sous un lourd porte-parapluie en fonte. Ce qui, reconnaissons-le, ne change rien de bien fondamental. À mort stupide, mort stupide et demie. (O. Ch.)

Franz Reichelt (1878-1912)

Le tailleur volant

Né en 1878 à Wegstadtl en Autriche, aujourd'hui Štětí en République tchèque, Franz Reichelt s'installe à Paris et devient tailleur pour dames dans le quartier de l'Opéra. Il a pour clientèle aisée les ressortissantes de son pays d'origine. En 1909, la planète entière se passionne pour les exploits des premiers aviateurs, dont Blériot qui traverse la Manche au mois de juillet. L'année suivante, le grand public découvre les accidents d'aviation, dont le nombre se multiplie. Reichelt, comme beaucoup d'autres, s'émeut devant les chutes mortelles de ces hommes volants. Habile couturier, il met au point un costume-parachute qui doit leur permettre d'éviter la mort. Il procède à des essais au fond de la cour du 8, rue Gaillon, à l'aide de mannequins équipés de son invention. Il renouvelle l'expérience à Joinville en sautant d'une hauteur de dix mètres sur un tas de paille qui amortit heureusement sa chute. Les résultats sont peu concluants. *The Flying Tailor* s'entête malgré tout, dépose un brevet protégeant sa géniale invention, se promet de réussir en s'élançant d'une hauteur de cinquante mètres.

En février 1912, Reichelt annonce à la presse qu'il va faire le grand saut depuis les cinquante-sept mètres du premier étage de la tour Eiffel. Le 4 février à sept heures, journalistes, badauds, reporters répondent nombreux à l'appel de cet Icare moderne. La préfecture de police a donné son autorisation, à condition que Reichelt utilise un mannequin. Mais le tailleur téméraire tient à expérimenter lui-même son invention. À huit heures vingt-deux, vêtu de cette cape de gendarme qu'il met une bonne minute à déployer, il enjambe la balustrade qui

retient habituellement les visiteurs. Chauve-souris hésitante, trois quarts face, Reichelt fixe les spectateurs. Après s'être penché, il saute enfin dans le vide. Visiblement, les ailes se replient sous lui. Quelques secondes plus tard, il s'écrase au sol. Les témoins poussent des cris. « C'est en vain qu'ayant dégagé le malheureux inventeur de son appareil qui l'enveloppe comme un linceul on tente de le rappeler à la vie ; il est mort et il n'y a plus qu'à ramener à son domicile le cadavre de ce malheureux, qui croyait quelques secondes plus tôt tenir enfin la gloire et la fortune», écrit *Le Gaulois* dans son compte rendu du lendemain.

Franz Reichelt rejoint aussitôt les cimes de la notoriété posthume devant la caméra de Pathé-Cinéma, qui a filmé l'exploit pour ses actualités. Cette mort en direct – visible sur Internet – a contribué à faire de cette tragique expérience un cas de célébrité immédiate et durable. (F. Ch.)

Alexander Alexandrovitch Malinovski dit Bogdanov (1873-1928)

Le sang de la mort

La mort de ce médecin soviétique, d'après la version officielle du Parti, a été « tragique et magnifique ». Elle a surtout été un peu prématurée… Proche de Lénine puis de Gorki, ancien rédacteur de la *Pravda*, il a aussi, comme autre casquette, celle de professeur d'économie à l'origine de la cybernétique moderne. Poursuivi par le GPU (la police politique qui succède à la Tchéka), il décide dès 1923 de ne plus se consacrer qu'à la médecine. C'est un partisan délibéré de la transfusion sanguine, mais non pour traiter les anémies ou favoriser la pratique sportive… Non, ce qui l'intéresse, c'est rajeunir. Le sang comme acteur de la régénération physique. Il applique sur lui-même ce traitement novateur, et avec le soutien de l'Académie de médecine moscovite en plus ! Ils sont des centaines à expérimenter le traitement, avec des effets plus ou moins visibles : calvitie atténuée, vision améliorée, vigueur sexuelle démultipliée, etc. Un de ses patients est le célèbre dirigeant bolchevik Leonid Krassine, qui, paraît-il, rajeunit à vue d'œil ; il mourra néanmoins à cinquante-six ans !

Or donc, Bogdanov va mourir par là où il a péché, si l'on peut dire… En 1928 – il a alors cinquante-cinq ans –, il pratique une transfusion en s'injectant le sang d'un étudiant non seulement tuberculeux, mais en outre atteint de paludisme… Son agonie va durer deux semaines, au cours desquelles ce médecin inépuisable va noter jour après jour l'ensemble de ses symptômes, jusqu'à la fin. Mais plus que son apport scientifique – au demeurant très faible –, la postérité retiendra surtout sa récupération politique au cours des funérailles officielles, qui verra Bogdanov érigé en martyr de la recherche médicale. (Ph. Ch.)

Marie Curie (1867-1934) et Pierre Curie (1859-1906)

Le radium à l'estomac

Infime était la probabilité que les deux membres d'un même couple soient à la fois récompensés du prix Nobel et gratifiés d'une mort stupide : cela s'est néanmoins produit, mais une seule fois dans l'histoire, avec les Curie !

Maria Skłodowska naît à Varsovie en 1867. La jeune fille qu'elle devient est d'une intelligence exceptionnelle. Elle part en 1891 à Paris, où elle achève ses études avec un succès retentissant. Pourquoi Paris ? Non qu'il soit facile pour une femme, à l'époque, en France, de s'affirmer dans des travaux scientifiques de haut niveau, mais en Pologne, on ne lui aurait pas proposé mieux qu'infirmière ou institutrice. Elle se marie au charmant physicien barbichu Pierre Curie en 1895. Irène naît en 1897, Ève en 1904. À la suite des travaux d'Henri Becquerel sur les « rayons uraniques », Marie et Pierre Curie découvrent des éléments nouveaux qu'ils appellent polonium et radium. D'une bonne tonne de minerai d'uranium, ils extraient une quantité de radium infime, mais suffisante pour en déterminer la masse atomique, qui est, comme chacun sait, de 226 et des poussières. Pour leurs travaux, ils se voient décerner, conjointement à Becquerel, le prix Nobel de physique en 1903.

Ses amis le lui avaient bien dit : « Pierre, tu rêvasses, tu devrais faire plus attention à la circulation, tu traverses la rue n'importe comment, il va t'arriver des bricoles ! » Ce genre de sermons n'a strictement aucun effet sur un savant, on ne les profère que par acquit de conscience.

Le 19 avril 1906 en début d'après-midi, le dénommé Louis Manin mène sa voiture, lourdement chargée de vêtements destinés à la troupe et tirée par deux forts chevaux. Il remonte la rue Dauphine depuis le Pont-Neuf. Pierre Curie, quant à lui, laisse passer un fiacre, puis traverse, parapluie en main. Le fiacre s'est à peine effacé qu'il se trouve sur le chemin du cheval de gauche de l'attelage de Manin. Bousculé par les chevaux, il trébuche et tombe. Son crâne éclate sous la roue arrière gauche de la voiture. Un cerveau de cette importance, réduit en bouillie par un chargement d'effets militaires, quelle dérision ! Marie Curie ne se remettra jamais de cet effroyable accident.

Elle montre néanmoins un courage exemplaire, enseigne, cherche, instruit tout le monde, même sa famille, se démène pour faire vivre ses filles, travaille sans relâche puis – ce qui lui sera impitoyablement reproché – entretient une liaison amoureuse avec le physicien Paul Langevin. On comprend bien que cinq ans et demi après la mort atroce de son mari, elle ait envie de s'amuser un peu, mais Mme Langevin n'est pas d'accord du tout. Nous sommes à la fin de l'année 1911 et c'est un immense scandale, la presse dénonçant l'ignoble hétaïre étrangère qui vient briser un couple exemplaire et bien français. Ce qui n'empêche pas le jury Nobel de décerner de nouveau son prix à Marie Curie, en chimie cette fois, pour la détermination des caractéristiques élémentaires du radium et du polonium.

Malgré toutes les invectives, Marie Curie poursuit son œuvre, crée l'Institut du radium, contribue à diffuser l'usage de la radiographie sur les blessés de la Grande Guerre, pour localiser les projectiles dans leurs corps, de sorte que l'extraction en soit facilitée, fait de la science comme elle en a toujours fait.

Elle contracte un cancer du sang, dont elle meurt le 4 juillet 1934 dans un sanatorium de Haute-Savoie, quelques jours après son admission. Indubitablement, c'est d'avoir manipulé des matières hautement radioactives qu'elle est morte. On ne peut pas mettre ce comportement sur le compte de l'imprudence : personne avant elle n'avait tripoté de radium puisque personne n'en avait purifié. Loin d'avoir à cette époque une quelconque notion des dangers de la radioactivité, on n'en supputait que les bienfaits.

Il y a quelque temps, un homme achète une demeure dans une province française et décide d'élaguer le lierre qui recouvre un des murs. Quelle n'est pas sa surprise de découvrir sous la végétation une plaque indiquant que Marie Curie a séjourné là. L'acquéreur est physicien de profession et exulte d'habiter une maison où a vécu une savante de cette dimension. Il obtient de son entreprise le prêt d'un compteur Geiger et s'en va faire des mesures dans sa nouvelle maison. Une des chambres fait joliment grésiller l'appareil. Renseignement pris auprès des anciens occupants, c'était la chambre de l'enfant. À l'heure qu'il est, tout le monde va bien, mais la pièce a été condamnée.

Marie et Pierre Curie n'ont pas volé leur caveau au Panthéon. Ils y ont été solennellement conduits par François Mitterrand et Lech Wałęsa. Pour la sécurité du personnel et des visiteurs, les restes de Marie reposent dans une urne en plomb. (O. Ch.)

Thomas Midgley (1889-1944)

L'inventeur éventé

Avec ironie, on l'a surnommé « l'homme responsable du plus de décès au monde ». Le trou dans la couche d'ozone lui doit beaucoup. Thomas Midgley naît à Beaver Falls, Pennsylvanie, le 18 mai 1889. Ingénieur de recherche, il résout en 1921 le problème du cliquetis des moteurs en découvrant le pouvoir antidétonant du plomb-tétraéthyle, futur additif des carburants. La combustion de l'essence libère ce corps, le rendant nocif pour l'environnement. Midgley, intoxiqué par ses expériences, dissimule cette vérité, n'hésitant pas, lors d'une conférence de presse, à respirer une longue bouffée d'essence au plomb pour rassurer son assistance.

Il découvre en 1930 le dichlorodifluorométhane, connu sous le nom de Fréon R12, le gaz des réfrigérateurs. Devant les nombreuses fuites, il demande pardon au monde entier. Il met ensuite en évidence d'autres composés organométalliques utilisés comme gaz propulseurs d'aérosols, testant une fois encore ses trouvailles par des inhalations publiques répétées.

Après s'être empoisonné au plomb à l'âge de cinquante et un ans, Midgley contracte la poliomyélite, qui paralyse peu à peu ses membres. Il doit quitter la General Motors, où il menait des recherches sur le caoutchouc. Pour faciliter son existence, il met au point un ingénieux système de harnais, poulies et câbles lui permettant de gagner ou quitter son lit. Le 2 novembre 1944, expérimentateur de sa toute nouvelle invention, Midgley meurt étranglé dans ses cordages. (F. Ch.)

Rosalind Franklin (1920-1958)

Dans l'ombre de la double hélice

La science est quelquefois d'une ingratitude affligeante. L'ADN, acide désoxyribonucléique, est une macromolécule immensément populaire, notamment auprès du public des séries policières, qui sait qu'elle permet souvent de confondre le coupable oublieux. Elle est isolée pour la première fois en 1869, sous le nom de nucléine. Il faudra attendre une expérience très astucieuse de l'Américain Oswald Avery, en 1944, pour être certain que ce gros corps chimique, assez inerte en apparence, est bien porteur de l'hérédité. À ce moment-là, cependant, le mécanisme de transmission de l'information génétique reste un complet mystère.

On en saura plus en 1953, lors de la publication de l'étonnante disposition des brins d'ADN en double hélice. L'Américain James Watson et le Britannique Francis Crick signent la formidable révélation. Mais les brillants professeurs sont parfois d'affreux requins.

Ces deux-là ont été mis sur la bonne piste grâce à des clichés par diffraction des rayons X de leur fascinante molécule.

C'est une jeune Londonienne, Rosalind Franklin, qui les a réalisés. Une fille à l'intelligence très vive, un peu coincée : mal à l'aise au sein de la communauté scientifique britannique, dont la misogynie est quasiment institutionnelle, elle s'y débat avec courage.

Elle est entrée en recherche en pleine Seconde Guerre mondiale, à la fin de laquelle elle devient docteur de l'université de Cambridge, grâce à sa thèse sur *La Chimie physique des colloïdes organiques*. C'est à Paris qu'elle se familiarise, à partir de 1947, avec la diffraction des rayons X. Elle revient en Angleterre et travaille aux côtés de Maurice Wilkins au King's College. Wilkins, enchanté de l'avancée des travaux de Mlle Franklin, lui fait à tout hasard quelques avances auxquelles elle résiste – la jeune cristallographe n'est guère émue que par la science – et la laisse travailler auprès des lourds appareils à rayons X dont dispose le labo.

En 1951, lors d'un congrès international, Wilkins montre une diapositive représentant les spectres de diffraction obtenus sur une molécule d'ADN. L'Américain James Watson assiste au colloque. L'image, encore imparfaite, et que le béotien serait bien en peine de décrypter, lui met plus que la puce à l'oreille : elle le subjugue. Il va sans dire que le cliché est de Rosalind Franklin.

Tout à sa besogne, la petite Anglaise commence néanmoins, petit à petit, à s'apercevoir que son patron fait une publicité un peu hâtive à ses résultats. Elle se méfie de lui, l'atmosphère devient irrespirable au laboratoire, la rupture est rapidement consommée : les deux chercheurs travaillent désormais chacun dans son coin.

Au passage, Rosalind Franklin s'est attribuée sans le savoir les meilleurs échantillons et un matériel plus approprié, de sorte qu'elle avance à vive allure et fournit des observations dont la qualité s'améliore sans cesse.

James Watson et Francis Crick, qui travaillent à Cambridge, s'emparent des travaux de la jeune cristallographe, sans l'associer aux leurs. Ils publient leurs retentissantes conclusions sur la double hélice de l'ADN dans le numéro de *Nature* du 25 avril 1953, au terme d'une course contre la montre truquée. Notre héroïne est écœurée. Quelques semaines auparavant, Wilkins écrivait à Crick : « Vous êtes deux belles fripouilles, mais vous avez peut-être bien trouvé la clef. » Le traître dépose les armes.

Le jury Nobel, c'est la tradition, analyse les travaux scientifiques avec un peu de retard, et ce n'est qu'en 1962 qu'il décerne son prix de médecine à Watson, Crick et Wilkins.

Entre-temps, Rosalind Franklin est morte d'un cancer des ovaires en 1958, contracté à force d'exposition aux rayons X. Elle avait trente-sept ans et ne sera pas associée à la récompense suprême. En effet, le prix Nobel n'est décerné qu'à des personnes vivantes. Le règlement, c'est le règlement.

Désormais, la structure de l'ADN, découverte majeure dans toute l'histoire de la science, est définitivement associée à Watson et Crick, alors que la contribution de Rosalind Franklin leur a été absolument capitale. C'est la dure loi, parfois tellement injuste, de la science.

Il reste à la cristallographe britannique qu'elle est devenue une icône du féminisme, sa mésaventure illustrant le peu de cas qu'on a pu faire du travail des femmes et l'injustice de leur condition. Consolation posthume bien maigre. (O. Ch.)

Et aussi...

Le philosophe grec Héraclite (v. 540-480 av. J.-C.), souffrant d'hydropisie, imagina qu'il pourrait faire sortir l'eau de son corps en se faisant enduire de fumier : traitement non seulement inefficace, mais funeste, la matière fécale se dessécha et l'asphyxia... Selon une autre version, la mauvaise odeur attira une meute de chiens qui le prit pour un animal et le dévora.
L'érudit arabe Al-Jahiz (v. 776-869), comme Alkan, périt écrasé par sa bibliothèque.
L'empereur moghol Humāyūn (1508-1556), féru d'astronomie, descendit trop vite de la tour qui lui servait d'observatoire et se fracassa le crâne dans l'escalier.
L'imprimeur William Bullock (1813-1867), concepteur d'une rotative révolutionnaire, fut happé et broyé par sa géniale invention.
Enfin, Janet Parker (1938-1978), photographe médicale britannique, à la suite d'une erreur de manipulation, attrapa le virus de la variole en laboratoire après l'éradication de cette maladie, dont elle fut la dernière victime au monde.

V

Trop sensibles

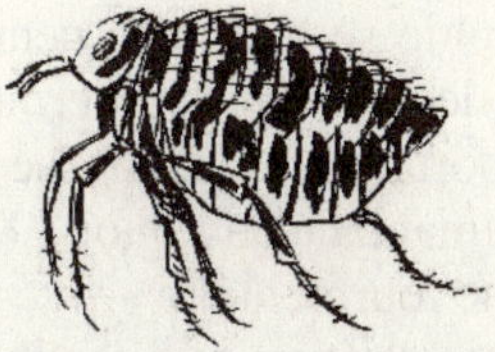

La chronique rapporte qu'un certain Alexandre Guidi (1650-1712), érudit distingué, allant faire hommage au pape d'un exemplaire de son dernier livre, y aperçut au dernier moment une coquille typographique : déception si profonde qu'il décéda dans l'instant d'une crise d'apoplexie ! Quant au compositeur Hérold (1791-1833), il mourut littéralement de chagrin, à quarante-deux ans, vaincu par les contrariétés sans nombre qui entourèrent la création de son opéra Le Pré aux Clercs. *Écrivains, philosophes et artistes sont des gens d'une sensibilité exacerbée, qu'un détail simplement contrariant pour des esprits vulgaires peut jeter dans l'irrémédiable destruction d'eux-mêmes.*

Saint Macaire (IVe siècle)

Puce au crime

Parmi les nombreuses vies de saints martyrs que conte *La Légende dorée* de Jacques de Voragine, la plupart s'achèvent tragiquement, mais non stupidement, sauf à considérer de manière voltairienne qu'il faut être bien bête pour refuser d'abjurer sa foi devant une escouade de légionnaires romains bien armés.

Une hagiographie se distingue néanmoins de toutes les autres : celle de saint Macaire, ermite qui errait dans le désert, transportant un grand sac empli de sable. Quand on lui demandait pourquoi : « Pour tourmenter mon corps qui me tourmente. »

Cet anachorète chrétien mériterait d'entrer au panthéon bouddhiste, si on en croit le récit de sa fin : « Ce bon abbé tua, un jour, de sa main, une puce ; et, l'ayant tuée, il fut désolé d'avoir vengé sa propre injure ; et pour se punir, il resta six mois tout nu dans le désert, jusqu'à ce que tout son corps ne fût plus qu'une plaie. Et après cela, il s'endormit en paix, laissant au monde le souvenir de grandes vertus. » (B. F.)

Arcangelo Corelli (1653-1713)

La corde sensible

Il faillit consacrer sa vie à la prêtrise, mais ce fut le violon. Arcangelo Corelli naît à Fusiniano le 17 février 1653. Précoce, il gagne Rome où il devient rapidement très célèbre en tant que professeur, organisateur de spectacles, compositeur. Il ouvre la voie à Vivaldi, Bach, Haendel, Telemann ou Couperin, qui lui dédie son *Apothéose*. Musicien scrupuleux et patient, il ne cède pas aux nombreuses commandes officielles, mais compose à son rythme, laissant six œuvres de douze sonates ou concertos chacune.

En 1708, il se retire à la cour de Naples. Quand il revient à Rome quelques années après, d'autres musiciens ont pris sa place dans le cœur du public. Son retour passe inaperçu : Corelli sombre dans la neurasthénie. Scarlatti l'achève en lui faisant remarquer qu'il a produit une fausse note, ou s'est trompé sur la valeur d'une note – selon les versions. Bilieux, Corelli en meurt de chagrin et d'humiliation le 18 janvier 1713. (F. Ch.)

Louis-Gabriel Guillemain (1705-1770)

Vague à lame

Guillemain apprend tout petit la vie et la musique chez le comte de Rochechouart. Il est très jeune un violoniste de premier ordre et va perfectionner sa pratique de l'instrument roi à Turin. Plus tard, à Lyon puis à Dijon, se rapprochant à pas feutrés de Paris et Versailles, il compose des sonates pour violon, des pièces pour clavecin, des divertissements, rien de bien grave en tout cas, de quoi agrémenter les loisirs de la noblesse.

Ce n'est qu'en 1737 qu'il devient « musicien ordinaire de la Chapelle et de la Chambre du Roy ». Dès lors, la vie de Louis-Gabriel Guillemain est celle d'un homme de cour, ainsi qu'il l'a sans doute toujours désiré.

Dans les dernières années de sa vie, il se découvre une véritable passion pour le vin et l'ivresse. À la Cour, il est l'objet d'autant de railleries, concernant sa dipsomanie, que de jalousies, liées à son très grand talent et à son succès constant. Guillemain contracte aussi beaucoup de dettes, qui peu à peu s'accumulent en une montagne de plus en plus invincible. Il sombre alors dans une mélancolie aussi subite que profonde.

Il décède dans des circonstances pour le moins étranges : le 1er octobre 1770, il se rend de Paris à Versailles et, à la hauteur de Chaville, se tue de quatorze coups de couteau !

On porte en terre le jour même sa dépouille couverte de meurtrissures. Les prêtres renâclent à prendre en charge les âmes perdues des suicidés.

Un suicide n'appartient qu'à son auteur, mais certains cas suscitent la stupeur, et il devient permis de chercher quelques explications. L'alcool a certes des vertus anesthésiques incontestables et il rend maladroit, c'est connu. Peut-être le grand violoniste avait-il accordé sa confiance à un rémouleur incompétent et indélicat. La clef de sa mort invraisemblable résiderait-elle dans le travail d'un mauvais artisan ? (O. Ch.)

Jacques-Germain Soufflot (1713-1780)

Dôme à homme

Le grand architecte du XVIIIe siècle a vu le jour dans l'un des paysages les plus harmonieux de France : au creux de coteaux tapissés de vignes, le village bourguignon d'Irancy forme une petite cité en ovale, toute de pierre claire et homogène, traversée par une rue centrale qui porte aujourd'hui le nom de Soufflot.

L'enfant du pays aura beau voyager, en Italie et en Orient, il passera sa vie à reconstituer la perfection formelle de cette petite utopie viticole. Pensionnaire à l'École française de Rome, il dessine pour les chartreux de Lyon un projet de dôme qui remporte le concours.

C'est le début d'une série de commandes prestigieuses, comme l'hôtel du Change puis l'Hôtel-Dieu à Lyon, et surtout, à partir de 1755, l'énorme chantier parisien de l'église Sainte-Geneviève, le futur Panthéon…

Les visages verts des jaloux et des médiocres ne tardent pas à s'animer. On répand des rumeurs, on affirme que le dôme géant dont il a prévu de coiffer la basilique ne pourra tenir et s'effondrera sur les fidèles… Soufflot, que ses amis ont surnommé « le Bourru bienfaisant », a un caractère vif doublé d'une véritable générosité qui le pousse à aller vers autrui : au lieu d'ignorer les médisances et leurs auteurs, il fait l'erreur d'argumenter, de chercher à convaincre, épuisant ses forces dans de vaines polémiques contre des adversaires de mauvaise foi, acharnés à le perdre. Humilié, découragé, il est pris d'une « maladie de langueur », s'étiole et finalement s'éteint, le 29 août 1780.

Jacques-Germain Soufflot ne verra pas l'achèvement de l'église, dont le dôme parfaitement solide sera construit d'après ses plans, ni la transformation de Sainte-Geneviève en Panthéon, en 1791. Sur son caveau n'a pas été gravée l'épitaphe qu'il s'était composée lui-même, sous la forme d'un quatrain :

> Pour maître, dans son art, il n'eut que la nature ;
> Il aima qu'au talent on joignît la droiture :
> Plus d'un rival jaloux, qui fut son ennemi,
> S'il eût connu son cœur, eût été son ami.

Vengeance posthume, néanmoins : l'architecte trop sensible squatte toujours son chef-d'œuvre, où ses restes mortels ont été transférés en 1829, l'édifice étant redevenu provisoirement une église sous la Restauration. Avec Sophie Berthelot, épouse du ministre, et Marc

Schœlcher, père de l'abolitionniste, Jacques-Germain Soufflot est l'une des trois personnalités qui reposent au Panthéon sans avoir jamais été panthéonisées. (B. F.)

Nicolas Gilbert (1750-1780)

La clef de l'insuccès

Une mort stupide n'est pas forcément foudroyante, elle peut venir lentement, par un processus à double ou triple détente : telle fut la fin étrange et compliquée du littérateur Gilbert, l'auteur du *Poète malheureux*, dont Alfred de Vigny et les romantiques feront le type même de l'artiste incompris.

Nicolas-Joseph-Laurent Gilbert est le fils d'un simple paysan lorrain. Né le 15 décembre 1750 à Fontenoy-le-Château, près d'Épinal, il est remarqué par son curé qui lui enseigne les lettres et le latin, avant de l'envoyer faire ses humanités au collège de Dole.

En 1769, le jeune Gilbert s'installe à Nancy, ancienne capitale ducale, où il publie une histoire persane, puis des vers qui lui valent un petit succès provincial. Ses envois à l'Académie, en revanche, sont ignorés, suscitant avec sa frustration quelques satires féroces contre les beaux esprits parisiens.

En 1774, le petit Lorrain bat le pavé de Paris, bien décidé à faire reconnaître son talent. Or, la critique le démolit, et les grands du royaume, qu'il inonde de poèmes à leur gloire, ne lui jettent que quelques rogatons pour sa subsistance. Gilbert vit pour ainsi dire en clochard, dépenaillé, crevant de faim, dormant à la belle étoile. Un jour, il apprend qu'une riche famille recherche un précepteur ; il va trouver d'Alembert pour lui demander une lettre de recommandation ;

l'encyclopédiste lui promet son soutien – et s'empresse de faire donner la place à un autre…

Dès lors, la guerre est déclarée : Gilbert sera le pourfendeur des philosophes, des encyclopédistes et de l'esprit des Lumières. Il attaque non seulement les hommes de lettres, mais leurs protecteurs, ce qui est nettement plus dangereux : les grands seigneurs ont beau s'enticher des idées nouvelles, ils restent des grands seigneurs, disposant d'hommes de main pour donner la bastonnade au poète crotté qui les ose insulter. C'est sans doute ce qui arrive en octobre 1780 : assailli par des laquais sur la place Louis XV, Gilbert fait une grave chute de cheval, premier acte de sa mort stupide.

Deuxième acte, on le transporte à l'Hôtel-Dieu, où les médecins ne le sauvent qu'en recourant à l'opération du trépan.

Troisième acte : en convalescence à l'hôpital, Gilbert a auprès de lui son seul bien, une cassette fermée à clef qui contient ses papiers et quelques sous. Redoute-t-il, comme on l'a écrit, une perquisition et la confiscation de ses manuscrits ? Plus vraisemblablement, sa trépanation, pratiquée avec les techniques rudimentaires de l'époque, l'a rendu complètement zinzin. Il avale la clef de sa cassette, qui reste coincée dans son estomac. Il va s'éteindre après plusieurs jours d'agonie, vagissant dans son lit ces ultimes paroles : « La clef ! La clef ! »

Par une étrange prémonition, Gilbert a composé huit jours avant sa mort atroce la seule ode estimée de son œuvre, *Les Adieux à la vie* :

Au banquet de la vie, infortuné convive,
J'apparus un jour, et je meurs ;
Je meurs, et sur ma tombe où lentement j'arrive,
Nul ne viendra verser des pleurs.

Salut, champs que j'aimais, et vous, douce verdure,
Et vous, riant exil des bois !
Ciel, pavillon de l'homme, admirable nature,
Salut pour la dernière fois !

Ah ! puissent voir longtemps votre beauté sacrée
Tant d'amis sourds à mes adieux !
Qu'ils meurent pleins de jours ; que leur mort soit
pleurée !
Qu'un ami leur ferme les yeux !

Gilbert, poète trépané et mangeur de métal, cesse de respirer le 12 novembre 1780 : il n'a pas trente ans. Pour mériter la qualité de « poète maudit », ses successeurs devront s'accrocher. (B. F.)

Jakob Lenz (1751-1792)

Le fidèle abandonné

Le poète dramaturge Jakob Lenz, salué jusqu'à nos jours par des générations de romantiques en herbe, avait ceci de particulier que, sorti de ses écrits, il était d'une candeur, d'une sincérité et d'une sentimentalité désarmante. Ne croyait-il pas que, le déjà célèbre Goethe lui ayant marqué son intérêt et son admiration, ce dernier était devenu son ami, confident, soutien moral jusqu'à la mort ? Que parce que ceux qu'il considérait comme l'élite des lettres de ce XVIIIe siècle finissant lui avaient marqué quelque considération, il était lancé dans une carrière lumineuse et lucrative ?

Pourtant, tout avait bien commencé pour ce fils de pasteur qui ne voulait se consacrer qu'à la plume. Arrivé en Alsace de sa Baltique natale, il avait réussi par ses premiers textes à attirer l'attention de ce que la région possédait de mieux en matière de littérateurs : parmi eux, un certain Johan von Goethe, jeune étudiant à l'université de Strasbourg, de deux ans son aîné. Jakob Lenz le voit devenir célèbre avec la publication des *Souffrances du jeune Werther*, tous les deux partagent les mêmes espoirs, les mêmes enthousiasmes, les mêmes aversions, Goethe l'aide à publier ses premiers textes, et quand celui-ci est appelé à la cour du duc de Weimar, Lenz applaudit à son succès. Mais voici le jeune dramaturge laissé seul face à lui-même, et à une réalité triviale : ses écrits ne lui permettent pas de vivre. Qu'à cela ne tienne, il va rejoindre son ami, sera introduit par ce dernier à la cour du duc où il trouvera soutien et emploi ! Goethe ne l'en a pas dissuadé, Lenz part le rejoindre à Weimar, gonflé de confiance.

Ignorant des usages de la Cour, frissonnant de passion et d'intégrité, dans ce milieu de nobles railleurs, il se voit accablé de la pire des tares : le ridicule. Il use de familiarité avec les jeunes nobles qu'il traite comme des amis proches, il s'imagine leur égal, les tutoie, accumule les gaffes et devient à son insu la tête de Turc de la Cour. À la grande confusion de Goethe, il multiplie ce que ce dernier appelle ses « âneries », jusqu'à venir déguisé lors d'une soirée non costumée. Dans son accoutrement, il se permet d'inviter à danser une dame de la plus haute noblesse. Goethe rejoint les rieurs, mais son rire est forcé. À tel point que, finissant par percevoir le malaise qu'il provoque, Lenz décide de bouder et, au grand amusement de la Cour, part s'installer dans une cabane pleine de trous au milieu des bois voisins.

Très vite, il devient encombrant pour son mentor qui a doublé ses ambitions littéraires d'ambitions politiques. Sèchement, Goethe congédie son compagnon de jeunesse. La question qui se pose encore de nos jours est la suivante : est-ce le rejet de Goethe qui a poussé Lenz vers la folie et la mort, où Lenz déjà malade a-t-il témoigné à Weimar des premiers symptômes qui ont dissuadé Goethe de sa fréquentation ? Toujours est-il qu'à partir de ce jour, la vie de Lenz ne sera qu'une lente et chaotique plongée vers une folie profonde qu'il traînera dans d'incessantes errances, entrecoupée de fulgurances littéraires. On le trouve mort dans une rue de Moscou quinze ans plus tard, sans pouvoir même déterminer la cause précise du décès.

Mais pour d'aucuns, le responsable se trouve au même moment à Weimar, devenu un temps ministre du duché, puis directeur du théâtre de la cour grand-ducale. Le prestigieux Goethe, futur décoré de la Légion d'honneur par l'empereur Napoléon lui-même, a oublié son juvénile ami sous des couches de poussière, les mêmes sous lesquelles dorment les manuscrits que Lenz lui a confiés, et que Schiller aura bien du mal à lui faire exhumer, des années après. (B. L.)

FRIEDRICH HÖLDERLIN (1770-1843)

Démence sénile

Curieuse époque que cette fin du XVIIIe siècle allemand. On redécouvre la Grèce antique – en l'idéalisant quelque peu. On s'affuble de surnoms à la limite de l'excessif : Kant est « le Moïse de la nation allemande », Fichte est « le Titan »…

Né en 1770, Hölderlin est d'abord marqué par la mort, ce qui nourrira les essais de nombreux psychanalystes : son père à l'âge de deux ans, son beau-père à neuf ans, plusieurs sœurs… Hasard, conséquence ou nécessité ?

Il entre au petit séminaire à Denkendorf, se plongeant dans les études du grec, du latin et de l'hébreu. Puis il enchaîne avec le grand séminaire à Tübingen, croisant la trajectoire de Schiller. Au même moment, il rencontre l'amour de sa vie – Suzanne Gontard –, amour qu'il ne pourra jamais assumer jusqu'au bout : c'est une femme mariée. Il parle d'elle dans des poèmes « à l'antique », cachant à peine son nom sous l'appellation Diotima : « Mon sens artistique ne risque plus désormais d'être dérouté ; il s'oriente éternellement sur cette tête de madone. C'est une Grecque ! »

Chassé de son poste de précepteur dans la maison Gontard en raison de ces penchants adultérins, il prend un poste en France, à Bordeaux, chez le consul de Hambourg. Et sur le chemin du retour, en 1802, c'est le drame. Il apprend la mort de sa dulcinée, emportée par une fièvre, peut-être la rubéole. C'est là que tout bascule ; Hölderlin devient fou, littéralement fou, piétiné par la mélancolie, tant et si bien que l'intensité croissante de sa folie oblige ses contemporains à l'interner de force quelques années plus tard : en 1806, il franchit les grilles de l'établissement du docteur Autenrieth, à Tübingen. Il est déclaré incurable, et les praticiens ne lui donnent que trois ans à vivre.

Très vite, un de ses lecteurs et admirateurs, le menuisier Ernst Zimmer, à Tübingen, le prend sous son toit. Il l'installe à son domicile, dans une tour qui domine le Neckar. C'est là qu'il va vivre… trente-six ans, devenant une sorte d'attraction touristique locale : on essaie de l'apercevoir à sa fenêtre, on lui demande des autographes, ou un court poème ; il se prête de bonne grâce à ce type de demande. Pour passer le temps, il joue au piano, ou écrit des vers sur un morceau de bois, comme les *Lignes de vie*, pour son logeur.

En réalité, on ne sait pas très bien s'il est réellement aliéné ou si c'est un rôle qu'il se donne… Car sa production littéraire, poétique et philosophique est d'une rare densité. Cette dichotomie de l'esprit malade et du pragmatisme créatif se révèle après coup assez troublante… Car il traduit Sophocle et Pindare, il écrit des *Remarques sur Œdipe et Antigone*, sans compter son innombrable production poétique. Mais dans le même temps, il affuble ces créations littéraires de dates incohérentes – dont certaines du XVIIIe siècle ! – comme s'il était totalement désorienté. Il signe même certains écrits du pseudonyme Scardanelli… À la demande de sa famille, qui organisa même une pétition, c'est l'État qui l'entretient !

Le 7 juin 1843, à l'âge de soixante-treize ans, il s'éteint définitivement, ou arrête de simuler. Hegel et Schelling, ses grands amis du début, suivent-ils le cercueil ? Absolument pas ; seule la famille Zimmer a répondu présent, d'une irréprochable fidélité. (Ph. Ch.)

Ignace Philippe Semmelweis (1818-1865)

L'éternel incompris

Semmelweis est le prototype même du médecin maudit. De celui qui parla dans le vide, décrié, moqué, bafoué… alors qu'il avait raison. Alors qu'il aurait pu sauver d'innombrables vies.

Cet obstétricien austro-hongrois né en 1818 est issu d'une famille d'épiciers d'origine allemande. D'abord licencié en droit, il se destine – ou est destiné par son père – à devenir avocat militaire. Mais peu de temps après son arrivée à Vienne, assistant à l'autopsie d'une femme morte des suites de son accouchement, il change d'idée et s'inscrit en médecine. Sa thèse porte sur des considérations médico-botaniques, mais il se spécialise en gynécologie obstétrique. Il consulte, opère, donne des cours. Ses activités de recherche sont centrées sur la fièvre puerpérale *(Kindbettfieber)* qui fait des ravages au sein du service où il a été nommé, le premier service d'obstétrique de l'hôpital général de Vienne.

Après avoir cherché dans tous les sens, essuyant les critiques de ses collègues qui voient d'un mauvais œil ce jeune médecin tenter d'éviter une maladie qu'ils considèrent comme inéluctable, il comprend tout après la mort d'un collègue et ami, le professeur d'anatomie Jakob Kolletschka, en 1847 : décédé d'une infection à la suite d'une plaie au doigt faite au cours d'une autopsie, il présente les mêmes signes viscéraux que ceux des victimes de fièvre puerpérale. En fait, les étudiants en médecine ne se lavent tout simplement pas les mains, ou de façon inefficace, entre une dissection et un accouchement ! Ignorant encore la théorie des maladies microbiennes – Pasteur l'édifia plusieurs années après –, Semmelweis élabore l'idée de miasmes ou d'une substance de nature inconnue émanant des cadavres et transportée par les mains des praticiens d'un organisme putride au périnée des parturientes… Sa recommandation ? Que les médecins se désinfectent les mains après avoir touché toute matière organique en cours de décomposition, à l'aide d'hypochlorite de calcium : lavage d'au moins cinq minutes, tout simplement. Il vient d'inventer l'antisepsie et la prévention des maladies nosocomiales.

Tollé monumental. Les médecins font bloc en refusant de reconnaître leur culpabilité dans ces morts évitables. Il faut dire que Semmelweis n'y met pas beaucoup du sien… S'il édicte ses recommandations à l'échelle de l'hôpital, il refuse d'écrire le moindre article à ce sujet et ne veut pas non plus communiquer dans les sociétés savantes viennoises ou germanophones avant 1850. On lui reproche aussi – mauvaise foi évidente – une gestuelle d'inspiration religieuse, comme si ce lavage des mains après une autopsie était l'équivalent d'une purification chrétienne, voire superstitieuse !

Un temps évincé de l'hôpital, puis humilié par des confrères qui l'empêchent d'enseigner à l'aide de patients – on lui confie à la place un mannequin ! –, il fuit Vienne pour la Hongrie, où il met en application ses théories avec un succès réel. En 1861, il publie enfin un ouvrage sur sa découverte mais y mêle une véritable diatribe contre ses confrères. Ceux-ci se défendent par articles interposés ou lors de violentes querelles au cours de congrès médicaux. Semmelweis s'enfonce dès lors dans une profonde dépression dont il ne sortira jamais.

C'est alors que l'on perd le fil exact de sa vie... Revenant à Vienne, il est interné dans un asile psychiatrique, le *Niederösterreichische Landesirrenanstalt* où, devenu violent, il est battu par le personnel hospitalier et décède de ses blessures. Mais pour d'autres, il se coupe durant d'une autopsie et meurt de la maladie même qu'il a combattue presque toute sa vie. Certains voudront voir là un geste volontaire, un suicide infectieux. L'autopsie de Semmelweis, réalisée par Rokitansky, met en effet en évidence des lésions traumatiques diffuses, mais aussi d'innombrables foyers d'infection.

Le choix de cet individu comme sujet de thèse de médecine par le jeune Louis-Ferdinand Destouches (le futur Céline), en 1924, n'est vraisemblablement pas lié au hasard. Hormis sa réhabilitation légitime, il a sorti ce médecin humaniste de l'oubli et de l'opprobre dans lesquels il était resté, finalement anéanti par la « pourriture hospitalière ». (Ph. Ch.)

Egon Schiele (1890-1918)

Le baiser de la mort

Egon Schiele est né le 12 juin 1890 dans une petite ville de la vallée du Danube autrichien. Sa mère est une Allemande du sud de la Bohême. Son père est viennois, cheminot, et exerce à Tulln an der Donau le noble métier de chef de gare.

Schiele le Jeune est un dessinateur et peintre d'un immense talent, à tendance nettement scandaleuse. Sa mère dira plus tard de lui : « Il a eu beaucoup de succès. Il avait de beaux yeux. Il les a toutes ensorcelées. »

Il se forme à l'École des arts décoratifs de la capitale autrichienne, dispensé d'examen d'entrée tellement ses dons sont évidents. Ensuite, il retourne en province, où les péripéties d'une jeune modèle lui vaudront l'opprobre public et un mois de prison.

Plus tard, il rencontre Edith Harms, qui ne voit pas d'inconvénient à devenir sa femme : le couple convole en noces militaires et simplifiées en juin 1915, avant de s'installer à Vienne. Schiele fera dès lors de très nombreux portraits de son épouse, qui était moins jolie que ne pourraient le laisser penser les œuvres en question. Adèle, la petite sœur, est plutôt mieux. Schiele éprouvera les délices du partage fraternel, dont la cadette semble aussi posséder un sens aigu.

À l'automne 1918, l'épidémie de grippe espagnole prend les allures d'une hécatombe à Vienne. Rappelons que cette grippe extrêmement virulente a fait, en Europe, plus de morts que la Grande Guerre. Naturellement, quatre années de conflit et les privations afférentes ne sont pas pour améliorer les défenses immunitaires.

Edith, enceinte, tombe malade. Faisant preuve d'un dévouement surprenant, Egon la veille assidûment. Malgré ses écarts de conduite, Schiele aime sincèrement sa femme, qui bientôt sera emportée avec leur enfant. Conscient d'un danger fatal, il étreint une dernière fois Edith, le 28 octobre. Elle meurt quelques heures après.

Par cet ultime baiser, le trop tendre Egon Schiele s'est contaminé : il tombera bientôt malade à son tour, avant de mourir le 31 octobre, à l'âge de vingt-huit ans.

Il aura fait vivre, avec Gustav Klimt et Oscar Kokoschka, le groupe des « peintres de la Sécession ». Ses principales œuvres sont visibles à Vienne et à New York. (O. Ch.)

Hugo von Hofmannsthal (1874-1929)

La vie est un cortège funèbre

1874. Depuis trois ans, Arthur Rimbaud a renoncé à la poésie, définitivement. Autre génie, Hugo von Hofmannsthal voit le jour dans une famille viennoise. L'empire des Habsbourg, dont Stefan Zweig éternisera les derniers feux, vit encore dans le monde d'hier, malgré la crise économique de 1873 qui a largement entaché les illusions d'un bonheur sans fin.

De Rimbaud, Hofmannsthal possède la précocité fulgurante et le don des langues, qu'illustre encore le cosmopolitisme de la capitale « mitteleuropéenne ». Tout comme le poète français, il renonce rapidement à la poésie, ayant toutefois connu le succès. Il poursuit alors des études de droit, tout en rédigeant son premier drame lyrique, *La Mort du Titien*, dans lequel il exprime déjà la difficulté mallarméenne de « donner un sens plus pur aux mots de la tribu » : « La mort d'un homme a autour d'elle sa propre atmosphère comme le printemps. Les visages de ceux dans les bras desquels quelqu'un est mort, parlent une langue qui échappe aux mots. » Fringant, marié à Gertrud Schlesinger dont il aura trois enfants, il est terrassé par une crise de conscience : l'étudiant en langues romanes renonce en 1901 à soutenir une thèse, pourtant écrite, sur Victor Hugo et se plonge avec délectation dans l'œuvre de Nietzsche et les premières expériences freudiennes. Son œuvre sera désormais le creuset des thèmes antiques, élisabéthains ou de tradition catholique. *La Lettre de lord Chandos* préfigure la littérature existentialiste. Son auteur pressent l'inutilité de l'action dans un monde promis à l'écroulement. La crise n'est pas seulement poétique, elle est d'ordre identitaire, sexuel, moral, social et culturel. Elle culminera chez l'écrivain avec le déclin de l'Empire, la fin de cette bourgeoisie intellectuelle et humaniste, creuset de la modernité – Zweig, Schnitzler, Schiele, Musil… Lord Chandos exprime le renoncement de son auteur à produire de nouvelles œuvres : « Je n'écrirai aucun livre parce que précisément la langue dans laquelle il me serait donné non seulement d'écrire mais encore de penser est une langue dont pas un seul mot ne m'est connu. »

Hofmannsthal fait la rencontre de Richard Strauss, pour lequel il va rédiger plusieurs livrets d'opéra, dont *Elektra* (1909) et *Le Chevalier à la rose* (1910) qui remporte un immense succès avant *La Femme sans ombre*, en 1919. La Grande Guerre sonne le glas de l'Empire, anéantit la fortune familiale. L'auteur se tourne alors vers la comédie pour « dissimuler la profondeur à la surface ». Hofmannsthal rédige une adaptation de *La vie est un songe* de Calderón, illustrant, comme il l'a écrit dans ses vers, cette pensée shakespearienne : « Nous sommes de la même étoffe que les songes. » Le sentiment de l'inachèvement poursuit l'auteur d'*Andreas*, roman de formation « classique moderne ». Dès 1907, l'écrivain viennois fait débarquer son héros à Venise. Celui-ci, avatar de l'Homme sans qualités, cherche le bonheur dans la paix sérénissime, les fêtes galantes, renouant avec le voyage culturel en Italie, à la manière de Goethe. La ville des masques se révèle le lieu d'une crise profonde, celle d'une personnalité en proie à la schizophrénie. Andreas connaît l'expérience de la mort à Venise : il sent avec effroi qu'il ne pourra revenir à l'étroitesse de sa vie viennoise et qu'il s'en est définitivement détaché. Le voyage tourne court, révélant la profonde désillusion d'une existence dissociée. Comme souvent, dans les histoires de l'auteur, Andreas est victime de la réalité, parce qu'il l'a méprisée. Tout être accomplit son destin et ne peut tricher.

Dans les années 1920, Hofmannsthal voyage à travers l'Europe, retrouvant ses amis parisiens de la *NRF*, dont Charles du Bos et Léon-Paul Fargue, puis s'embarque pour le Maroc. En 1927, il donne une importante conférence à Munich sur *Les Écrits comme espace spirituel de la nation*, que le destin va transformer en testament littéraire. Le 13 juillet 1929, Franz, son fils cadet, se suicide dans la maison familiale de Rodaun, sans laisser aucune explication. C'est l'abattement pour le père, curieux de toute expérience, qui écrivait à l'occasion de la mort de l'acteur Hermann Müller : « Cette maison et nous, nous servons un art/Qui rend réconfortante toute douleur profonde,/ Et attrayante la mort même. »

Refusant cette dernière épreuve existentielle, le 15 juillet, Hofmannsthal doit se mettre en route pour le cimetière. Au moment de prendre la tête du cortège funèbre, le père, dont le cœur défaille, s'écroule. Congestion cérébrale. On enterre le fils, puis le poète, dans l'habit des Franciscains, comme il l'avait souhaité dans son poème *Après des tableaux vivants* : « Oui, il faut par instants, dans la grisaille quotidienne,/ Tourner ses pensées vers le divin et vers le miracle éternel. » (F. Ch.)

Boris Vian (1920-1959)

Trompette de la renommée

Prolonger la fête après la crise de 29, Boris Vian le fera, « vivant comme un malade ». Centralien passionné de jazz, il naît le 10 mars 1920 à Ville-d'Avray. Devenu ingénieur, il s'occupe de normalisation à l'AFNOR, lui qui refuse tout ce qui est conforme. Écrivain alternatif, il publie en 1947 *L'Écume des jours*, œuvre surréaliste de la rue. Lecteur de romans noirs américains, il entreprend ensuite la rédaction de *Vercoquin et le Plancton* puis d'un pastiche, faussement traduit de Vernon Sullivan : *J'irai cracher sur vos tombes*. Le scandale, mâtiné de gloire, éclate. L'auteur est condamné pour outrages aux bonnes mœurs en 1950. Cet ancien troglodyte du *Tabou* fait jouer *L'Équarrissage pour tous*, pièce sulfureuse. En plus de ses nouvelles, romans et chroniques, il écrit quatre cents chansons dont quatre-vingt-deux avec Henri Salvador.

À l'étroit dans sa vie de couple, il divorce et se remarie avec Ursula. Lui qui publiera *L'Arrache-cœur* souffre de palpitations cardiaques. La trompette n'arrange rien. On lui conseille de se ménager, ce qu'il ne fait pas, lancé dans une nouvelle carrière de chanteur à partir de 1953. Son *Déserteur*, en pleine guerre d'Indochine, lui vaut une interdiction. Son espérance de vie se restreint, Vian n'en doute pas. Il devient tout de même directeur artistique de plusieurs maisons de disques, lance en 1958 un certain Gainsbourg, qui prend le relais de ses provocations.

Boris Vian n'en a pas encore fini avec *J'irai cracher sur vos tombes*, qui ne cesse de lui porter la poisse. En 1959, le cinéma s'intéresse à ce roman pour une adaptation. Vian prend part au scénario de *La Passion de Joe Grant*, librement adapté de son œuvre. Les producteurs n'en veulent pas, reprenant le chemin des studios avec une version reniée par Vian lui-même. Le 23 juin, le film sort. Vian est convié au *Petit Marbeuf* à une projection privée. Sa santé est au plus bas, le trompettiste est à bout de souffle. « Le monde littéraire a usé Boris, la scène lui a détruit les nerfs, le cinéma va l'achever », écrira Claire Julliard. Au mois de juin, le parolier rédige à l'encre rouge ces vers, qui paraîtront dans *Je voudrais pas crever* :

> Je mourrai brûlé dans un incendie triste
> Je mourrai un peu, beaucoup,
> Sans passion, mais avec intérêt
> Et puis quand tout sera fini
> Je mourrai.

Après avoir tergiversé, il se rend au cinéma. Les premières images apparaissent. La tête de Vian tombe en arrière, son corps glisse dans le fauteuil. Ses amis crient « Arrêtez la musique ! » tandis que les images ont déjà disparu de l'écran. « C'est trop tard », conclut le médecin venu à son secours. Le cœur de Boris Vian lâche à dix heures dix. Prémonitoire, l'écrivain s'était juré qu'il n'aurait jamais quarante ans.

Le jour de l'enterrement à Ville-d'Avray, les pompes funèbres sont en grève. Vian désirait « mourir sans intermédiaire », le voilà comblé. Ses amis pataphysiciens mettent son cercueil en terre… (F. Ch.)

John Francis Anthony Pastorius III dit Jaco Pastorius (1951-1987)

Le bassiste désaccordé

Couramment considéré comme le plus grand bassiste du monde, l'Américain Jaco Pastorius, de son vrai nom John Francis Anthony Pastorius III, a marqué de sa fécondité musicale presque tous les styles de musique, du classique au reggae, se spécialisant toutefois dans le jazz rock.

S'il est connu pour avoir poussé très loin l'inventivité musicale, il a poussé aussi à son extrême l'image classique du musicien défoncé, alcoolo et imprévisible, incarnant en la matière une espèce de record. C'est qu'en plus de la drogue et de l'alcool, habituels fléaux de bien des artistes, Jaco Pastorius souffrait d'une altération psychiatrique cliniquement reconnue, s'aggravant avec les années. Comme il prétendait que seuls l'alcool et la drogue pouvaient atténuer ses tourments, son état second quasi perpétuel accentuait encore sa pathologie : ça ne pouvait que mal se terminer.

Belle démonstration pour ceux qui voient se rencontrer au plus haut carrefour de la création génie et psychose, Jaco Pastorius, au zénith de sa carrière, adulé des mélomanes et réclamé par les plus grands musiciens du genre, entra dans une spirale d'autodestruction à chaque spire de laquelle on commenta plus ses excentricités que ses virtuosités. Titubant, vomissant, s'écroulant au milieu des morceaux, ratant les concerts, agressif et confus, tombant d'un balcon d'hôtel ou rappliquant sur scène entièrement nu, il commença à semer partout consternation et scandale. Le voilà un soir de 1986 au fond du bus des musicos roulant sur l'autoroute lors d'une tournée avec Biréli Lagrène : silencieux, renfermé, il est en train de se persuader qu'il ne *peut pas* supporter cette tournée, que, prisonnier, il doit s'en échapper sur-le-champ. Il casse la vitre et saute du bus en marche. Il ne mourra pas cette fois-là, on le retrouvera endormi en tee-shirt dans un champ enneigé.

Ce sera pour l'année suivante, à Wilton Manors, en Floride. Ce soir-là, dans un état de déchirure avancée, il tente l'incruste à un concert de Santana et se fait jeter de la scène – image schizophrénique pour tout mélomane homologué. On imagine l'humeur du Jaco, qui manifeste l'intention de défouler son trop-plein de rancœur agitée au *Midnight Bottle Club*, le bien-nommé. Il se heurte, à l'entrée, à un jeune pitbull du nom de Luc Havan qui sert de videur et qui a précisément ce soir-là envie de casser du bassiste. Le costaud refuse l'entrée au client imbibé et indocile, lequel manifeste son mécontentement à grands coups de pied dans la porte en verre. Alors, pour se faire bien comprendre, le videur entreprend de passer méthodiquement à tabac le génie déchu.

Hospitalisé pour de multiples fractures faciales, un œil abîmé et un bras cassé, le musicien sombre dans le coma et meurt quelques jours plus tard. Le farouche défenseur de portes sera inculpé d'homicide sans intention de tuer. Condamné à vingt-deux mois de prison puis libéré au bout de quatre mois pour bonne conduite, il est actuellement agent immobilier en Californie. (B. L.)

Chet Baker (1929-1988)

L'ange à l'aile brisée

Chesney Henry Baker naît au sein d'une famille de parfaits *red necks* dans une minuscule bourgade de l'Oklahoma. Son service militaire, que par désœuvrement il effectue avant l'heure et avec un zèle patriotique modéré, lui apprend l'insoumission, la musique et l'usage de plusieurs produits psychotropes.

Son premier instrument est le trombone, mais c'est à la trompette, au cornet, au bugle et à son chant si particulier qu'il doit sa place de premier choix dans l'histoire du jazz. Il faut rappeler que pendant sa période italienne, à partir de 1959 et dans les quatre années qui suivent – il a préféré partir pour l'Europe à cause d'infractions aux lois sur les stupéfiants aux États-Unis ; il aura des ennuis identiques en Italie –, il est la vedette, toutes catégories confondues, la plus harcelée par les paparazzi. À la même époque, Brigitte Bardot est en paix, en comparaison. Une anecdote romaine : un soir, dans un club, le pianiste qui joue si bien n'est autre que Romano Mussolini, le fils du Duce. L'apprenant, Chet va le voir, lui pose une main amicale sur l'épaule et lui dit simplement : « Navré pour ton vieux ! »

Chet Baker a été beau – physiquement – de deux façons radicalement opposées. Jeune, il est un play-boy américain plein d'assurance et de succès faciles. À l'approche de sa mort, il présente un visage bousillé par des quantités astronomiques de poisons – sa longévité est presque incompréhensible de ce point de vue –, celui d'un vieux chaman indien venu du fond des âges, avec ses potions et sa connaissance ésotérique.

Cet homme ne vit que pour la musique et pour la drogue, les deux étant chez lui, au péril de sa vie, intrinsèquement liées. Quelquefois, pour une vraie histoire d'amour, il fait une concession, prend une certaine distance vis-à-vis de cette infernale discipline d'autodestruction, en faveur de sa compagne. La vérité de Chet Baker est là. Jouer de la musique intensément, même si les moyens pour parvenir au merveilleux sont de nature à menacer gravement son existence même. Il n'y réussit pas toujours, offrant à son public des scènes véritablement lamentables, ne parvenant pas à jouer deux notes, et d'autres fois des moments de grâce artistique absolue. L'absolu, il le cherche partout, avec ses moyens contestables. Il l'a trouvé à plusieurs reprises, certains enregistrements en attestent, notamment ceux des derniers mois de son existence, alors que le funambule qu'il est vacille de plus en plus souvent. Ce printemps-là, il navigue entre Liège et les Pays-Bas, où il se perd et devient incontrôlable.

Ce qui devait arriver arriva, disent de lui les cyniques et les fatalistes.

Parfois, les services de police, de quelque pays qu'ils soient, émettent des rapports qui laissent pantois.

Le 13 mai 1988 vers trois heures du matin, les équipiers de l'officier Rob Bloos, du commissariat de Warmoesstraat, dans le centre d'Amsterdam (littéralement « rue aux Herbes potagères », sans doute en référence aux dérivés des *Papaver somniferum*, *Cannabis sativa* et *Erythroxylum coca*, qu'on y trouve en abondance), reçoivent l'appel d'un client d'un café de Zeedijk, une rue près de la gare centrale. La personne signale qu'un homme gît inanimé, à l'arrière du *Prins Hendrik Hotel*, situé Prins Hendrikkade 53. Sur place, les fonctionnaires ne peuvent que constater le décès de cet homme « âgé d'approximativement trente ans. Vraisemblablement tombé de la fenêtre de sa chambre d'hôtel, il a sur lui le passeport d'un citoyen américain nommé Chesney Henry Baker, né le 23 décembre 1929 à Yale, Oklahoma».

Premier mystère de cette affaire : comment la police d'Amsterdam a-t-elle pu évaluer l'âge du mort à approximativement trente ans, alors que Chet Baker, car c'est bien lui, en a cinquante-huit et en paraît mille ?

À la décharge de Rob Bloos et de ses équipiers, le cadavre gisant parmi les poubelles du *Prins Hendrik Hotel* est celui d'un homme baraqué, d'allure sportive. De plus, le crâne a rencontré dans sa chute un plot en béton. Il est couvert de sang coagulé, et objectivement méconnaissable.

Que s'est-il passé ce soir-là dans la chambre du *Prins Hendrik Hotel*, tandis que le saxophoniste Archie Shepp fulminait en l'attendant à Laren, à trente kilomètres de là, et que toute une cohorte d'organisateurs de spectacles le cherchait partout ?

Apparemment, Chet Baker a commencé par se faire un *speed-ball,* un monstrueux cocktail injectable d'héroïne et de cocaïne qu'il appréciait particulièrement – sans trop de cocaïne, préférait-il, en esthète. Il lui arrivait même d'y ajouter des barbituriques. Ensuite, oubliant ses engagements, ou ne désirant plus les tenir, il a pu s'asseoir sur le rebord de la fenêtre de sa chambre, pour jouer doucement de la trompette, comme il le faisait assez souvent, et a pu tomber à la faveur d'une maladresse.

D'autres hypothèses existent : soudain repris par la conscience professionnelle, il serait parti pour Laren par ses propres moyens, en oubliant sa trompette, et comme le veilleur de nuit s'était absenté, il aurait tenté d'escalader la façade par la gouttière pour récupérer son instrument. Ou bien des dealers seraient venus lui régler son compte à cause d'une livraison non payée, et l'auraient défenestré. Mais la chambre était fermée de l'intérieur… Le trompettiste Woody Shaw, quant à lui, suggère que Chet soit mort d'overdose dans sa chambre, et que quelqu'un de l'hôtel se soit débarrassé du corps en le balançant par la fenêtre, parce qu'il en avait marre des junkies qui venaient crever trop régulièrement dans son établissement.

La vérité ne sera jamais établie. Ce qu'on peut affirmer, c'est que tel un Clément Ader de la musique, Chet Baker semble obsédé par le « plus lourd que l'air » : il aime jouer un thème de Richard Beirach intitulé *Broken Wing*, l'aile brisée, et sa brève autobiographie s'intitule en français *Comme si j'avais des ailes*. Il n'en aura guère manqué que cette nuit-là. (O. Ch.)

Oliver Johnson (1944-2002)

Le batteur battu

Le batteur Oliver Johnson a une notoriété dans le public du jazz inversement proportionnelle à sa réputation dans le milieu des professionnels. Son nom est connu d'un tout petit groupe d'amateurs pour ses performances à côté des grands, comme Archie Shepp ou Steve Lacy, et quelques enregistrements qu'il a laissés, mais si l'on demande à un pro des baguettes swing quel est le plus grand batteur de jazz de l'histoire, il n'aura qu'un nom en bouche : le sien.

Comme un nombre considérable de ses confrères, Oliver Johnson a été accompagné dans toute sa carrière par deux démons insatiables : l'alcool et la dope. En ce qui le concerne, avec une forte prédilection pour le premier. Ses crises d'alcoolémie jointes à sa terrible exigence musicale ne revêtaient aux yeux de ses admirateurs et de ses employeurs que deux apparences : un rigorisme artistique frisant la paralysie, ou une négligence professionnelle proche de la fumisterie, voire un subtil mélange des deux. Le nombre de concerts ratés, de défections inopinées ou de prestations interrompues l'entoura d'une sulfureuse réputation que la magie de son art n'arrivait plus à atténuer. Ce genre de surenchère n'appelle que la recrudescence. Vivant à Paris ses dernières années, il appliqua à sa vie privée le même chaos imbibé que dans sa carrière musicale. Quasi-clochard, mendiant des hébergements chez l'un ou chez l'autre, sabotant la plupart de ses derniers engagements, il hantait le quartier des Halles de sa démarche titubante, difficilement aidé par ses derniers amis, dont la sollicitude était méritoire.

On a retrouvé son corps inanimé sur un banc de la rue Pierre-Lescot un matin de 2002, ensanglanté et couvert de contusions. Avec plusieurs fractures des côtes, on diagnostiqua un écrasement du larynx : il avait été battu à mort. Par qui ? Pourquoi ? Comme ce qu'il possédait de plus précieux était immatériel, on ne put que conjecturer, à la lumière de ses dernières fréquentations, une bagarre de clochards soûls. L'ange de la caisse claire, l'orfèvre de la mesure, est parti sous les poings d'une brute anonyme. (B. L.)

VI

Trop exposés

Le poète Émile Verhaeren (1855-1916), le 27 novembre 1916, prononça une conférence antiallemande tellement appréciée, à Rouen, que ses auditeurs lui firent une ovation et l'accompagnèrent jusqu'à la gare : sur le quai de départ, la foule était si enthousiaste et nombreuse qu'elle poussa l'auteur adulé sur les rails, où il fut haché menu par le train qui devait le ramener à Paris… Meetings, campagnes électorales, voyages officiels, exécutions publiques et autres cérémonies patriotiques ne sont pas dénués de risques : ce chapitre est dédié à la mémoire des hommes politiques et agents de l'État qui moururent en fonctions.

Charondas (?-476 av. J.-C.)

Le glaive de la loi

« Charondas n'a rien de spécial que sa loi contre les faux témoignages, genre de délit dont il s'est occupé le premier ; mais par la précision et la clarté de ses lois, il l'emporte sur les législateurs même de nos jours », écrit Aristote dans *Le Politique*.

On ne sait pas grand-chose sur la vie de ce Charondas, né au VIe siècle av. J.-C. à Catane, en Sicile, dont il est plus tard exilé. Plus connues sont les lois qu'il a données à plusieurs colonies grecques d'Italie méridionale, région qu'on appelle la Grande Grèce dans l'Antiquité.

« L'homme de son temps le plus estimé dans la science des mœurs », comme le qualifie Diodore de Sicile dans son *Histoire universelle*, Charondas interdit aux veufs d'imposer une belle-mère à leurs enfants : « Car, disait-il, si leur premier mariage a été heureux, ils devaient s'en tenir là et si au contraire il a été malheureux, il faut qu'ils aient été bien insensés pour en risquer un second. »

Il punit d'une cérémonie infamante les sycophantes ou calomniateurs, ces faux témoins qui servent à truquer les procès, lesquels « seront conduits par les rues portant sur la tête une couronne de tamarin, comme pour faire voir à tout le monde qu'ils étaient parvenus au premier rang de la méchanceté. Quelques-uns de ceux qui avaient été condamnés à cette fâcheuse espèce de triomphe se donnèrent la mort pour en prévenir l'ignominie. » Charondas publie en outre une loi « contre la fréquentation des méchants », pour éviter que les bons citoyens ne se corrompent en frayant avec la racaille.

Lointain précurseur de Jules Ferry, « il ordonna que tous les fils de famille apprendraient à lire et à écrire sous des maîtres gagés par le public : car il jugeait bien que, sans cette condition, ceux dont les parents ne seraient pas en état de payer les maîtres seraient privés de cet avantage. Il était persuadé avec raison que cette connaissance doit précéder toutes les autres : car c'est par l'écriture que s'exécutent les choses les plus utiles de la vie ; les scrutins pour les nominations aux charges, les lettres missives, les dispositions testamentaires, l'institution des lois et tout ce qui entretient la société ».

Un grand législateur a tout à craindre des bavards, braillards et autres revendicatifs qui, dans toute démocratie, s'occupent à déranger le bel ordonnancement des lois par des initiatives démagogiques et irréfléchies. Aussi Charondas trouve-t-il une solution astucieuse et efficace au problème encore naissant de l'inflation des normes : il ordonne qu'aucun particulier ne se présente sur l'agora pour y proposer la réforme d'une loi « sans s'être mis lui-même la corde au cou qu'il y garderait jusqu'à ce que le peuple eut prononcé son jugement à l'égard de cette réforme : si on l'acceptait, le proposant serait dégagé aussitôt ; mais si le peuple jugeait le changement de la loi inutile ou dommageable, le réformateur serait étranglé sur-le-champ avec sa corde ». Ce premier essai de parlementarisme rationalisé allait garantir une grande stabilité à la législation conçue par Charondas.

Ce sage enfin, voulant à part cela proscrire toute violence du débat public, fait proclamer que serait puni de mort quiconque se présenterait armé sur l'agora. Loi hautement républicaine qui va causer son trépas, raconté en ces termes par Diodore de Sicile : « Étant allé à la campagne avec une épée pour se défendre des voleurs sur le chemin, il trouva à son retour l'assemblée du peuple en trouble et en division. Il s'avança d'abord pour tâcher d'apaiser ce tumulte [...] mais ayant oublié qu'il avait lui-même une épée, il donna involontairement à ses ennemis un sujet de reproche : l'un d'eux lui dit publiquement qu'il violait sa propre loi : "Au contraire, répondit-il, je prétends la confirmer" ; aussitôt tirant son épée il se l'enfonça dans le cœur. »

Depuis ce temps, l'exemplarité demeure une vertu rare en politique. (B. F.)

Le bourreau Denis (?-1488)

L'exécuteur exécuté

« Une tradition, si fortement enracinée dans l'esprit du peuple qu'elle persiste encore aujourd'hui, veut que, lorsque le bourreau remplit maladroitement son office et *manque* le condamné, il doit prendre la place du patient », explique G. Lenotre dans ce monument d'humour noir que constitue son savant ouvrage, *La Guillotine*. Le grand érudit réfute cette idée reçue, non sans observer qu'elle eut parfois « de terribles conséquences pour l'exécuteur ».

Ainsi rappelle-t-il cette journée tragique du 11 février 1488 à Tours, où le faux-monnayeur Loys Secrétain devait expier ses crimes. Le bailli de Touraine, qui ne plaisantait pas avec l'inflation, l'avait tout simplement condamné « à être bouilly, traîné et pendu sur la place de la Fère-le-Roy », tâches délicates dont devait s'acquitter le bourreau du lieu, Denis, pour l'ébahissement de la foule.

Selon le registre des délibérations de la ville, Denis amena « ledit Loys sur un échafault auprès de la chaudière et le lia de cordes par les jambes et par le corps, lui fit dire son *In manus*, le poussa et le jeta la tête la première dedans la chaudière pour bouillir ; incontinent il y fut jeté, les cordes lâchèrent tellement qu'il revint deux fois sur l'eau, criant miséricorde, ce voyant, le prévôt et quelques habitants, Rochard, Périgault, etc. se prirent à frapper sur le bourreau en disant : "Ha, traître, tu fais languir ce pauvre pécheur, et fais un grand déshonneur à la ville de Tours !" L'exécuteur, voyant la colère du peuple, voulut effondrer par deux ou trois fois ledit malfaiteur avec un grand croc de fer ; incontinent plusieurs, croyant que les cordes avaient été rompues par miracle, s'émurent à haute voix, et, voyant que ledit faux-monnayeur ne souffrait aucun mal, ils s'approchèrent du bourreau couché le visage contre terre, et lui donnèrent tant de coups qu'il mourut à la place même. »

Le faux-monnayeur fut sauvé, et le roi Charles VIII accorda sa grâce aux Tourangeaux, amoureux du travail bien fait. (B. F.)

Antoine Codère (v. 1730-1791)

Un naufrage politique

« La gloire est le deuil éclatant du bonheur », philosophait Mme de Staël. Pour n'avoir pas lu son illustre contemporaine, Antoine Codère fit le mauvais choix.

Il était riche et oisif, sur l'un des territoires les plus paradisiaques de la Terre : ancien magistrat, planteur à l'île de France (l'actuelle île Maurice), Antoine Codère aurait dû couler des jours heureux sous le soleil de l'océan Indien, ne consacrant ses loisirs qu'au farniente, à l'amour et au rhum, près de la charmante veuve qu'il avait épousée et qui lui avait donné cinq enfants.

Mais ce que c'est que l'ambition : le 31 janvier 1790, par un navire venu de France, les échos de la Révolution parviennent jusqu'en cette lointaine possession du royaume, dont les habitants ne voient pas pourquoi ils ne désigneraient pas, eux aussi, leurs députés aux états généraux. S'ensuit la réunion d'une assemblée coloniale, sensible aux diatribes enflammées d'un jeune avocat formé à Aix, Charles Collin. Les délégués multiplient les motions, dénoncent des complots et décident que l'île aura deux députés. Au fougueux Collin est adjoint le sage et expérimenté Codère qui, tandis que la foule en liesse acclame ses représentants, prononce ces quelques paroles lucides : « Vous m'avez honoré de votre choix pour la mission la plus importante ; je pars et ne calcule ni les infirmités de mon âge ni ma position ; je m'arrache des bras d'une épouse chérie, j'ai eu le courage de fuir devant les caresses de mes enfants, je pars, mais messieurs ! c'est au milieu de vous que je laisse ce dépôt si cher à mon cœur ! »

Quand Collin et Codère sont élus, le 1er juillet 1790, le serment du Jeu de paume est prononcé depuis plus d'un an, la Bastille prise et les privilèges abolis. La pièce est commencée, mais les élus de l'île de France comptent bien y tenir leur rôle. Il faut encore rédiger les cahiers de doléances, discourir longuement devant les municipalités, affréter un navire, ce qui prendra quatre mois. Finalement, salués par les vingt et un coups de canon protocolaires, Collin et Codère embarquent le 2 novembre 1790, pour un périple de plus de huit mille kilomètres, à bord de la frégate l'*Amphitrite*. À Port-Louis, qu'on n'a pas encore pensé à débaptiser, des émeutiers veulent démonter le gouvernail d'un vaisseau de guerre du roi, de peur qu'il aille couler le navire des députés… Il faut reporter le départ de deux jours pour calmer la population.

Le 4 novembre 1790, l'*Amphitrite* fait donc voile vers l'Europe, emportant dans ses flancs les espoirs d'une colonie oubliée de l'hémisphère austral. Le voyage est long, monotone. Le 22 janvier 1791, enfin, les côtes de France sont en vue ! La frégate longe le littoral breton ; après une année de péripéties, dont deux mois et demi en mer, les députés de l'île de France vont enfin pouvoir débarquer puis, en quelques jours, gagner leur siège parisien… Les pouvoirs de la Constituante expirent dans neuf mois, mais qu'importe : la gloire, les honneurs, la puissance sont à portée de la main.

Mais voici que la tempête se lève, que le vent souffle, que les nuages grossissent : l'*Amphitrite* se fracasse sur les côtes de Penmarc'h, et les deux ambitieux se noient à quelques encablures d'une métropole qui ne les attend plus. (B. F.)

Gabriel Sanson (1769-1792)

Parti sur un coup de tête

La guillotine, instituée par la loi du 25 mars 1792, ne fonctionne pour la première fois que le 25 avril de la même année. Dans la famille Sanson, bourreaux de père en fils depuis 1688, on sait rouer, écarteler, décapiter à l'épée de justice, mais le maniement de cette mécanique nouvelle reste à maîtriser. La machine, en outre, est juchée sur un échafaud élevé, où son emprise laisse peu de place à l'exécuteur et à ses aides – parmi lesquels le fils puîné de maître Sanson fait son apprentissage.

Le 27 août 1792, en place de Grève, les faux-monnayeurs Vimal, Guillot et Sauvade sont exécutés pour avoir contrefait des assignats. Comme le rapporte *La Chronique de Paris* du surlendemain, « un des fils de l'exécuteur, qui montrait au peuple une des têtes sans regarder à ses pieds, est tombé de l'échafaud et s'est brisé la cervelle à terre. On le dit mort. Son père a témoigné la douleur la plus vive».

Charles-Henri Sanson va rester en fonctions durant toute la Terreur, ne prenant sa retraite qu'en 1795, après quarante-trois ans de bons et loyaux services. C'est la seule fois qu'on l'aura vu pleurer lors d'une exécution. (B. F.)

Pierre François Gossin (1754-1794)

Le résigné

Rien ne prédisposait à une mort violente et infamante le sieur Pierre François Gossin, honnête bourgeois lorrain né à Souilly le 20 mai 1754, fils d'un procureur à la chambre des monnaies de Metz : lui-même lieutenant général civil et criminel de Bar-le-Duc, il est plus habitué à poursuivre des coupables qu'à subir des sentences. Mais le tourbillon de la Révolution va en décider autrement. Élu député du tiers aux états généraux, Gossin devient un personnage public qui prend part à des réformes importantes : rapporteur du comité chargé de diviser la France en départements, il est aussi l'auteur d'un rapport sur l'organisation des Archives nationales et l'un des orateurs à demander la création d'un jury populaire en matière criminelle. Enfin, c'est sur la proposition du député Gossin que les restes mortels de Voltaire sont portés au Panthéon.

Son mandat prend fin avec la Constituante, le 30 septembre 1791, et le citoyen Gossin rentre en Lorraine où il vient d'être élu procureur-syndic de la Meuse. Hélas, les Prussiens envahissent la contrée ; Gossin conserve ses fonctions, obéissant ainsi aux ordres du duc de Brunswick, l'ennemi juré de la Révolution. Après la retraite des envahisseurs, difficile d'expliquer ce revirement tactique aux membres de la Convention… Traduit devant le Tribunal révolutionnaire, l'ancien constituant est condamné à mort le 4 thermidor an II (22 juillet 1794).

Le lendemain, il est dans la cour de la prison avec ses codétenus, qui montent l'un après l'autre dans la charrette fatale. Et là, il se produit un extraordinaire coup du sort, tel qu'aucun prisonnier ne pouvait l'espérer : Gossin est oublié dans l'appel des condamnés à mort !

Il a la vie sauve et, mieux encore, personne ne fait attention à lui : quand les portes s'ouvrent devant le convoi, il sort aussi, libre comme l'air ! Gossin alors a quarante ans, le voici lâché dans une grande ville pleine de cachettes, une chance unique s'offre à lui de détaler pour sauver sa tête ! Résignation ? Sens du devoir d'un ancien magistrat ? L'évadé Gossin suit à pied la charrette jusqu'à la guillotine et monte sur l'échafaud. (B. F.)

JEAN-BERTRAND FÉRAUD (v. 1764-1795)

Massacré par erreur

Féraud, c'est le brave gars, actif, dévoué, toujours sur la brèche. Ce fils de notaire, né à Arreau, compte très jeune parmi les meilleurs propagateurs des idées révolutionnaires dans sa lointaine province pyrénéenne. Sa date de naissance n'est pas connue avec certitude, mais Jean-Baptiste Louvet dira dans son éloge funèbre qu'il « avait à peine trente ans lorsque ses concitoyens le déléguèrent pour porter leurs vœux à la fédération de 1790 ». Élu à la Convention par le département des Hautes-Pyrénées, il vote la mort du roi mais ne craint pas d'approuver aussi la mise en accusation de Marat. D'abord proche des girondins, Féraud rejoint les montagnards et, en mission auprès de l'armée des Pyrénées occidentales, n'hésite pas à exposer sa vie. Il survit à la chute de Robespierre, tout en conservant intact son idéal républicain. Comme le résume Auguste Kuscinski dans son *Dictionnaire des conventionnels*, « il avait juré, lui Féraud, entre les mains de ses commettants, d'être terrible contre ceux qui prêchaient l'incendie, le meurtre, le pillage et l'anarchie ».

Il est servi le 1er prairial an III (20 mai 1795), quand le peuple de Paris se soulève contre la Convention thermidorienne. « Du pain et la Constitution de l'an I ! », crient les femmes qui envahissent la salle des Machines, aux Tuileries. « Sachons périr, s'il le faut ! », s'exclame Féraud, jamais avare d'un mot héroïque. Il s'interpose : « Tuez-moi, vous n'entrerez qu'après avoir passé sur mon corps ! Ce n'est pas la première fois qu'une balle m'atteindra. Prenez ma vie, mais respectez la Convention. »

Piétiné, molesté, il est enfin abattu d'un coup de pistolet par une émeutière, Aspasie Carlemigelli, puis déchiqueté par la foule. Le citoyen Luc Boucher, marchand de vin, décapite son corps pantelant d'un coup de sabre et jette la tête à la volée ; un serrurier, Jean Tinel, l'élève au bout d'une pique devant le président Boissy d'Anglas, qui s'incline respectueusement, tandis que la foule conspue Fréron.

Fréron, oui, Fréron – et non Féraud… Victime d'une homophonie approximative, le jeune député qui défendait avec exaltation la représentation nationale a été pris pour un autre et massacré à la place d'un autre : Louis-Marie-Stanislas Fréron, un ancien jacobin qui s'est couvert de sang, avant de changer de camp pour prendre la tête des muscadins et de la « Jeunesse dorée ». Fréron est détesté par le peuple, il incarne toute la corruption et le cynisme de la France thermidorienne. C'est Fréron que sans-culottes et tricoteuses ont voulu frapper – mais c'est Féraud qui s'est trouvé sur leur chemin…

Cette mort stupide en entraînera trois autres : Aspasie Carlemigelli et Luc Boucher seront guillotinés pour meurtre, ainsi que le pauvre Jean Tinel, qui déclarera pourtant ignorer à qui appartenait la tête brandie au bout de sa pique.

Quant à l'affreux Fréron, cette péripétie ne lui offrira qu'un sursis de sept ans avant une autre mort stupide. Ayant séduit Pauline Bonaparte alors qu'il est déjà marié, il doit s'éloigner par ordre du Premier consul qui le nomme sous-préfet aux Cayes, à Saint-Domingue : à peine arrivé dans sa sous-préfecture exotique, Fréron y attrape la fièvre jaune et meurt dans d'atroces souffrances, le 15 juillet 1802. Bien fait. (B. F.)

Louis-Jean-Marie Daubenton (1716-1800)

Un homme de conservation

Qu'il était heureux, Louis-Jean-Marie Daubenton, parmi ses échantillons de roche, ses herbiers, ses bocaux, ses chauves-souris au formol et ses singes empaillés !… Dans le silence du Muséum d'histoire naturelle, il disséquait, dessinait, écrivait en paix, entièrement voué à sa passion de naturaliste.

Dès l'enfance, il aima les sciences. Sa famille le destinait à la prêtrise mais, rendu libre de ses choix par la mort de son père, le jeune Daubenton a opté pour des études de médecine. Il obtient son diplôme à Reims, en 1741, et s'intéresse tout particulièrement à l'anatomie comparée.

Sa grande chance survient en 1742. Daubenton est né à Montbard, en Bourgogne, le 29 mai 1716. Or, Buffon est de Montbard aussi, et les deux familles se connaissent. Quand, nommé intendant du Jardin du roi, il a besoin d'aide pour sa monumentale *Histoire naturelle des animaux*, Buffon fait venir son jeune compatriote à Paris. Trois ans plus tard, Daubenton obtient la place de « garde et démonstrateur du cabinet d'histoire naturelle ». Avec patience, entêtement, le tranquille et taciturne savant rédige, pendant vingt-cinq ans, ses observations anatomiques sur cent quatre-vingt-deux espèces de quadrupèdes, dont cinquante-deux disséquées pour la première fois. Membre de l'Académie des sciences, premier titulaire d'une chaire d'histoire naturelle au Collège de France en 1778, professeur à l'École vétérinaire d'Alfort, c'est un homme comblé qui cherche à mettre sa science au service du pays.

L'Espagne menaçant de suspendre ses exportations de laine, Daubenton se consacre à l'étude des mérinos, aboutissant par de multiples croisements à une variété propre à garantir l'autosuffisance lainière du royaume. En 1782, il publie son *Instruction pour les bergers et les propriétaires de troupeaux* qui connaîtra de multiples rééditions.

Survient la Révolution. La section des Sans-Culottes décerne un brevet de civisme au « berger Daubenton », qui devient en 1793 directeur du Muséum d'histoire naturelle, nouveau nom du Jardin du roi.

Quand la Révolution s'assagit, la France imagine de tempérer les ardeurs des élus du peuple en inventant le bicamérisme. Au Palais du Luxembourg s'installe, sous le Directoire, un Conseil des Anciens, rebaptisé « Sénat conservateur » sous le Consulat. Cette assemblée n'a guère de pouvoir, mais le Premier consul, Bonaparte, imagine d'en rehausser le prestige en y faisant nommer des « illustrations scientifiques ». Et c'est ainsi que le 4 nivôse an VIII (25 décembre 1799), le vieux naturaliste est enlevé à ses collections pour prendre rang de sénateur.

Un autre que lui aurait vu dans cette nomination une marque d'estime et une sympathique sinécure, mais il semble qu'à quatre-vingt-trois ans, Daubenton ait cru devoir jouer un rôle politique.

Selon la *Biographie universelle ancienne et moderne* Michaud, « un caractère doux, un genre de vie simple et uniforme le firent arriver à une grande vieillesse, malgré la faiblesse de son tempérament. Élu membre du Sénat à la fin de 1799, les changements causés dans ses habitudes par cette nouvelle dignité altérèrent sa santé ». Et c'est ainsi qu'à la première séance à laquelle il assiste, ému, oppressé, grisé peut-être par la munificence de la Haute Assemblée dont les membres siègent alors en tenue d'apparat rehaussée de boutons dorés et de plumes, il s'effondre, frappé d'apoplexie. Il vit encore, mais à peine : il faut l'extraire de l'hémicycle et le porter chez lui, où le nouveau sénateur s'accroche vainement à la vie.

Par un snobisme qui ne lui ressemble guère, Daubenton rend l'âme dans la nuit du 31 décembre 1799 au 1er janvier 1800, après quatre jours d'agonie : au plan parlementaire, l'illustre naturaliste n'est resté dans l'histoire que pour avoir rempli le mandat sénatorial le plus bref – moins de sept jours.

Le malheureux a réintégré ce Muséum d'histoire naturelle qu'il n'aurait jamais dû quitter. Au Jardin des plantes, il repose sous une simple colonne, dans le labyrinthe de verdure. Les gamins qui courent là, les jours de beau temps, ne troublent guère sa quiétude :

son cerveau, prélevé juste après son trépas, a rejoint ses chères collections, où il barbote dans un bain plus conservateur que le Sénat de Bonaparte. (B. F.)

Jean-Anthelme Brillat-Savarin (1755-1826)

Le chaud-froid du gastronome

Magistrat respecté et gourmet de bonne compagnie, Jean-Anthelme Brillat-Savarin est élu en 1789 député du tiers aux états généraux dans le bailliage de Bugey et Valromey, puis maire de Belley. Au plus fort de la Terreur révolutionnaire, ce modéré est déclaré suspect et promis à la guillotine ; mais il file en Suisse, puis s'exile aux États-Unis.

En 1796, le calme revenu, le voici de retour en France, où il mène une tranquille carrière sous l'empire et la monarchie. Le roi Charles X le trouve tiède, toutefois, si bien que Brillat est averti que la disgrâce le guette. Pour se montrer bon royaliste, il se présente à la messe anniversaire de la mort de Louis XVI, dans le seul but de faire sa révérence au monarque. Hélas, Louis Capet seizième du nom a été décapité un 21 janvier, en plein hiver ; et dans la très humide basilique Saint-Denis, où la cérémonie s'éternise, il fait froid, dramatiquement froid, plus froid qu'un couperet de guillotine. Le courtisan Brillat-Savarin y contracte une pneumonie qui l'emporte douze jours plus tard, le 2 février 1826. L'homme qui a échappé à l'échafaud meurt d'une messe opportuniste.

Mort doublement stupide car, au moment où il rend l'âme, Brillat-Savarin vient tout juste de faire imprimer son grand-œuvre, sa *Physiologie du goût* qui devient très vite la bible de la gastronomie. On se l'arrache, en

France et dans le monde, mais Brillat-Savarin n'en saura jamais rien. Lui qui n'a publié de son vivant que des études juridiques au tirage confidentiel manque un immense succès de librairie. Ses héritiers, guère plus malins, cèdent les droits sur le livre pour payer les frais de succession, passant à côté d'une véritable fortune. (B. F.)

WILLIAM HUSKISSON (1770-1830)

Un train d'enfer

Sujet britannique, William Huskisson a vu le jour dans le Worcestershire le 11 mars 1770. Ayant rejoint son oncle médecin à Paris, il est aux premières loges quand débute la Révolution, qui influera sur sa personnalité, l'aiguillant vers la politique. Il entre au parlement londonien en 1793, devient secrétaire du Trésor en 1804, commissaire des Bois et Forêts à partir de 1811, puis ministre. Ardent défenseur des principes du libre-échange, il s'oppose au duc de Wellington à propos de la réforme parlementaire et quitte le gouvernement.

Il retrouve son opposant le jour de l'inauguration officielle de la première ligne de chemin de fer britannique, qui s'apprête à relier Liverpool à Manchester. Ce 15 septembre 1830, le convoi démarre. En gare de Parkside, le train fait une halte. On recommande aux voyageurs de ne pas quitter leur voiture pendant les manœuvres. Les dignitaires descendent, néanmoins, afin de se dégourdir les jambes sur le quai. Espérant se réconcilier avec Wellington, Huskisson fait quelques enjambées pour lui serrer la main. Distrait, il n'entend pas venir dans son dos la locomotive Stephenson, tombe sur les rails devant la machine à vapeur qui lui mutile horriblement la jambe. À l'hôpital, on lui administre une forte dose de laudanum, ce qui ne l'empêche pas de mourir. Victime du premier train de passagers de l'histoire, Huskisson n'aura eu, sur son lit de mort, que le temps de rédiger ses dernières volontés… (F. Ch.)

William Henry Harrison (1773-1841)

In cold we trust

Né à Berkeley, en Virginie, le 9 février 1773, William Henry Harrison se lance dans une carrière militaire qui le mènera à combattre les forces anglaises et leurs alliés indiens, pendant les guerres de 1812-1813. Victorieux, il est élu au Congrès en 1824, puis nommé ministre plénipotentiaire des États-Unis auprès de la République de Grande-Colombie, tout juste indépendante. De retour dans son pays, Harrison s'installe dans sa ferme de l'Ohio, se présente à la présidentielle en 1836 et est battu par Martin Van Buren.

En 1840, enfin, il est élu président des États-Unis d'Amérique, mais sa présidence sera de courte durée. Le jour de la prestation de serment, le 3 mars 1841, William Henry Harrison prononce un trop long discours en plein courant d'air : il prend froid, et le rhume se complique en une pneumonie, qui l'emporte quelques semaines plus tard, le 4 avril 1841, après un mandat officiel de 32 jours, 12 heures et 32 minutes. William Henry Harrison restera dans l'histoire des États-Unis comme le dernier président né avant la déclaration d'Indépendance – et le premier décédé pendant la durée de son mandat, qui reste, à ce jour, le plus court de l'histoire américaine. (D. A.)

Amédée Pauwels (1864-1894)

Plus près de toi Seigneur

Au musée de la préfecture de police, parmi la multitude d'armes de crime et de pièces à conviction qui font frissonner le visiteur, une photo curieuse suscite comme un pouffement de rire nerveux : celle d'un homme aux yeux exorbités, dont les vêtements ne sont plus que des lambeaux, comme dans les meilleures BD.

Une photo de cadavre bizarrement comique, c'est tout ce qui rappelle le souvenir d'Amédée Pauwels, dit Rabardy, anarchiste belge né le 29 janvier 1864 et mort stupidement à l'âge de trente ans.

Ouvrier corroyeur, il immigre en France, travaillant d'abord en Lorraine, puis à Saint-Denis. Dans la banlieue de Paris, les théories anarchistes se répandent alors parmi les prolétaires, déçus par la République qui ne vote pas de lois sociales. Pauwels adhère à ces idées de révolte, se sentant légitime à châtier les fauteurs d'injustice.

Le 1er mai 1891, à Clichy, une manifestation est férocement réprimée. Un groupe d'anarcho-syndicalistes, pour avoir déployé le drapeau noir, est lourdement condamné, mais les magistrats qui les ont envoyés en prison voient bientôt leurs domiciles dynamités par un certain Ravachol ! C'est le début de la crise anarchiste, qui va durer près de trois ans.

Un autre compagnon, Auguste Vaillant, lance le 9 décembre 1893 une marmite explosive dans l'hémicycle de la Chambre des députés ! Exécuté le 5 février 1894, il est vengé dès le mois suivant par Émile Henry, qui fait sauter le *Café Terminus* avant de se faire arrêter.

Pauwels, expulsé en Belgique après la manifestation du 1er mai, revient à Paris avec la ferme intention de venger Vaillant, lui aussi. Au moins deux attentats lui sont attribués. Pour que la vengeance soit complète, l'anarchiste belge décide de se surpasser. Les dynamiteurs ont frappé des bourgeois, des militaires, des policiers, des institutions de la République, mais il y a un autre pilier de l'ordre social qui n'a pas encore été visé : l'Église ! C'est donc en un lieu de culte qu'il faut poser le prochain engin, et de préférence un édifice en vue, fréquenté par des gars de la haute.

En face du Palais-Bourbon, symétrique par sa colonnade, se dresse rive droite l'imposante église de la Madeleine. Le 15 mars 1894, Amédée Pauwels s'y présente, dissimulant une boîte de conserve piégée sous son paletot. Mais ces bombes bricolées ne sont pas stables, et quant à l'amorçage, n'en parlons pas, il reste d'une redoutable imprécision… Or, pour préserver la nef du froid extérieur, l'édifice comporte une entrée à tambour avec deux lourdes portes rembourrées, dont la seconde vient heurter l'anarchiste. À peine s'est-il introduit dans le saint lieu que le mécréant est foudroyé par l'explosion de sa propre bombe.

« Par un hasard providentiel, le misérable a seul été victime de sa tentative », lit-on dans le supplément illustré du *Petit Journal* du 26 mars 1894. Sous un titre narquois, « Les anarchistes à l'église », le journaliste rapporte d'ailleurs « qu'un prêtre de l'église, immédiatement accouru, voyant qu'il tressaillait encore, prononça sur lui les paroles d'absolution »… Pour un anarchiste bouffeur de curés, c'est la honte absolue !

Ravachol, Vaillant avaient marché fièrement à l'échafaud, rabrouant l'aumônier, lançant en guise de défis des paroles historiques : « Mort à la société bourgeoise et vive l'anarchie ! » Pauwels, lui, trop secoué pour glapir encore un ultime : « Ni dieu ni maître », a dû subir dans ses dernières secondes conscientes le marmonnement pieux d'un *Ego te absolvo*...

« Ceux qu'il poursuivait lui ont échappé, et il est à remarquer que presque toujours il en a été de même jusqu'ici ; les victimes ont été rares, et les assassins, la plupart du temps, punis. Puisse, à défaut d'autres, cette considération les décourager ! », conclut *Le Petit Journal* en guise d'oraison funèbre.

La mort d'Amédée Pauwels n'aura pourtant rien de dissuasif. Dès l'année suivante, le 4 août 1895, l'ancien mineur Clément Decoux explose avec la bombe qu'il destinait au patron des mines d'Aniche, dans le Nord. Depuis, de nombreux terroristes sont partis avec leurs engins, accréditant ainsi l'idée rétrograde d'une justice immanente. (B. F.)

Auguste Ferret (1851-1896)

Le député fantôme

Toute l'affaire se passe au Bouscat, commune limitrophe de Bordeaux en pleine expansion, puisqu'elle vient en 1896 de dépasser le seuil des neuf mille habitants. Auguste Ferret est maire et conseiller général de la localité, où d'ailleurs il est né, le 2 septembre 1851. Cet important personnage n'attend qu'une occasion d'accéder aux dignités nationales lorsque, le 10 septembre 1896, le député républicain Théophile Labat meurt en cours de mandat : une élection complémentaire est donc organisée dans la première circonscription de Bordeaux.

À quarante-cinq ans, Auguste Ferret est dans la force de l'âge, mais ce Méridional passionné ne fait pas campagne à demi. Il se dépense, se démène, au-delà du raisonnable. Arrivé deuxième, avec 3471 voix sur 10714 votants contre 4781 pour son rival Decrais, il obtient le désistement en sa faveur d'un troisième larron et se donne avec acharnement dans le combat du second tour. Tant et tant que, le dimanche 22 novembre 1896, il s'écroule épuisé pendant le dépouillement du scrutin ! Ses amis l'entourent, tentent de le ranimer : en vain. Député posthume, Auguste Ferret ne saura jamais qu'il a remporté l'élection, par 6080 voix sur 11431 votants, contre 5243 pour Decrais.

« Le 7 décembre suivant, la Chambre constatait la validité des opérations électorales, mais aussi la vacance du siège législatif, qui fut pourvu lors d'une élection partielle le 21 février 1897 », précise le *Dictionnaire des parlementaires français*.

Combien de grandes lois, combien de grands discours ce triste événement a-t-il enlevés à la République ? Auguste Ferret avait peut-être l'étoffe d'un ministre, d'un homme d'État, dont l'action aurait pu – pourquoi pas ? – changer le cours de l'histoire… Le surmenage d'une campagne a tué dans l'œuf ces espérances.

La mémoire de ce député fantôme est tout de même sauvegardée localement, puisqu'une « avenue Auguste-Ferret » traverse aujourd'hui encore Le Bouscat : prudent, l'intéressé avait pris de son vivant l'initiative de baptiser ainsi l'artère centrale de sa commune. (B. F.)

Pierre Lorthiois (1873-1902)

Le député qui n'a jamais vu l'hémicycle

À vingt-huit ans, tout semblait sourire à Pierre Lorthiois, fringant rejeton d'une vieille famille du Nord : né à Tourcoing le 4 septembre 1873, prospère filateur en lin, il venait d'épouser Marguerite Houzé de L'Aulnoit et de se faire élire conseiller général du canton de Lille sud-ouest. Fondateur de la section locale de la Ligue de la Patrie française, le jeune homme se sent pousser des ailes quand le décès de son beau-frère le député Loyer, le 19 mars 1902, libère une circonscription lilloise à quelques semaines des législatives.

En pleine affaire Dreyfus, il y a quelque chose à tenter pour un homme d'ordre plein d'énergie, dans une ville où les catholiques s'effraient de voir progresser les forces socialistes. Lorthiois joue donc la carte religieuse : abandonnant la présidence départementale de la Ligue de la Patrie française qui pourrait le faire passer pour un agitateur factieux, il se présente comme candidat « clérical national », patronné par le Comité républicain de défense sociale et patriotique, et se jette dans la bataille.

C'est compter sans la violence des campagnes électorales de l'époque : le 20 avril 1902, sa voiture est renversée par ses adversaires politiques de gauche, qui n'hésitent pas à molester le jeune réactionnaire. Souffrant d'abord de contusions, il est atteint la semaine suivante de fièvre typhoïde, suivie de complications cardiaques.

Ces violences font de lui le héros de la droite. Le dimanche 11 mai 1902, les résultats du second tour lui sont favorables : Pierre Lorthiois est élu député, par 6 732 voix contre 4 829 pour le socialiste Ghesquière et

1 742 pour le républicain Werquin. Mais le nouvel élu, alité, ne verra jamais le Palais-Bourbon : il s'éteint le jour même, épuisé.

Quoique les opérations électorales aient été reconnues régulières, sa qualité même de député se révélera problématique. Sa veuve, en effet, écrit le 30 juillet 1902 à la Chambre pour réclamer le bénéfice de l'indemnité funéraire accordée aux familles de députés décédés en cours de mandat. La questure répond, le 13 août 1902, que, « s'il est exact que M. Lorthiois, à son décès, venait d'être élu, il n'était pas en fonctions, la législature à laquelle il eût appartenu ne s'ouvrant que le 1er juin »… Ultime outrage de la destinée, l'indemnité sera donc refusée. (B. F.)

Maurice Berteaux (1852-1911)

Le ministre décollé

Mourir au sol d'un accident d'avion n'est pas commun : tel fut pourtant le triste sort de Maurice Berteaux, le seul ministre français de la Guerre tué dans l'exercice de ses fonctions.

Né le 3 juin 1852 à Saint-Maur-des-Fossés, Maurice Berteaux est un brillant sujet qui accumule les récompenses : bon élève au lycée Charlemagne, plusieurs fois lauréat du concours général, ce fils de bonne famille est titulaire à vingt-sept ans d'une charge d'agent de change à la Bourse de Paris.

C'est aussi un bon républicain, patriote et anticlérical, élu conseiller municipal de Chatou en 1888, puis maire en 1891 et député radical-socialiste deux ans plus tard. Constamment réélu, ce spécialiste des questions financières surprend ses proches en se déclarant favorable à la création d'un impôt sur le revenu : cet engagement le classe à l'aile gauche du Parti radical et lui vaut l'appui compréhensif des socialistes. « Sans avoir une éloquence classique il parle avec aisance et, grâce à son habileté à manier les groupes et à travailler les couloirs, il a une action indubitable sur la Chambre », résume le *Dictionnaire des parlementaires français*.

En 1904, c'est cet habile homme qui est nommé ministre de la Guerre pour apaiser l'armée, après l'émoi causé par l'affaire des Fiches : des francs-maçons ont signalé les officiers *talas* – ceux qui vont-à-la-messe – pour bloquer leur avancement. Maurice Berteaux perd son ministère fin 1905, mais le retrouve six ans plus tard, en février 1911, dans le cabinet Monis.

Entre-temps, une nouvelle passion s'est emparée de lui : l'aviation. Décidé à encourager le « sport aéronautique », dont il entrevoit certainement les applications militaires, le ministre traîne son président du Conseil au terrain d'aviation d'Issy-les-Moulineaux, d'où part le 21 mai 1911 la course aérienne Paris-Madrid organisée par *Le Petit Parisien*.

Un avion, ça décolle ; mais le monoplan piloté par Louis-Émile Train va décoller le ministre, comme la guillotine a décollé Louis XVI : après avoir pris son envol et presque immédiatement cafouillé, l'appareil s'abat sur les officiels ! Monis est grièvement blessé, Berteaux meurt sur le coup, décapité et amputé d'un bras par l'hélice. Bal tragique à Issy : un mort. (B. F.)

FRANÇOIS-FERDINAND D'AUTRICHE (1863-1914)

L'archiduc architué

C'est dans tous les livres d'histoire : le 28 juin 1914, l'archiduc d'Autriche François-Ferdinand est assassiné à Sarajevo par le jeune nationaliste serbe Gavrilo Princip, attentat qui déclenche la Première Guerre mondiale. Or, cet attentat résulte de circonstances multiples qui en font indéniablement une mort stupide.

En premier lieu, François-Ferdinand n'aurait jamais dû être archiduc d'Autriche, c'est-à-dire prince héritier du trône austro-hongrois : le titre revenait à son père Charles-Louis, frère de l'empereur François-Joseph, mais le pieux aristocrate, en pèlerinage en Terre sainte en 1896, est décédé de la fièvre typhoïde pour avoir voulu boire l'eau du Jourdain…

Cette première mort stupide rend donc possible celle du fils, en visite officielle à Sarajevo, ce fameux 28 juin

1914. La date choisie est ressentie comme une provocation par la minorité serbe de Bosnie-Herzégovine, car on célèbre ce jour-là une fête orthodoxe, ainsi que l'anniversaire de la bataille de Kosovo Polje, contre les Turcs, en 1389. Un attentat est bien prévu, mais à l'explosif : quand l'auto officielle se présente, l'un des conjurés lance une bombe – ou un bâton de dynamite, selon d'autres sources. L'archiduc a le temps de relancer l'engin : une voiture de sa suite explose, on compte de nombreux blessés parmi ses occupants et dans la foule, mais François-Ferdinand est sain et sauf !

Les conspirateurs se dispersent lentement, démoralisés par cet attentat raté. Or voici que, reçu à l'hôtel de ville, l'archiduc s'en prend violemment aux autorités locales puis décide d'aller rendre visite aux blessés. Sa voiture croise alors le chemin de Gavrilo Princip, qui rentre chez lui dépité, mais qui saisit l'occasion providentielle d'entrer dans l'histoire et n'a plus qu'à dégainer son revolver…

Provoquant une « guerre préventive » de l'Empire austro-hongrois contre le petit royaume de Serbie, l'étincelle de Sarajevo se propage en incendie planétaire par le jeu des alliances : la Russie vient en aide à la Serbie, avec la France et le Royaume-Uni, tandis que l'Allemagne et l'Empire ottoman soutiennent la cour de Vienne. De 1914 à 1918, cette mort stupide en entraînera dix millions d'autres, sans compter ses effets indirects, comme la révolution bolchevik en 1917 !

Enchaînement d'autant plus navrant que François-Ferdinand passait pour partisan d'une politique plus favorable aux Slaves de l'Empire austro-hongrois : s'il avait pu régner, à la mort de François-Joseph en 1916, la « poudrière de l'Europe » n'aurait peut-être pas explosé… (B. F.)

Lord Christopher Thomson (1875-1930)

Un ministre gonflé à bloc

Christopher Birdwood Thomson est né à Nashik, dans les Indes britanniques, le 13 avril 1875. Diplômé de Sandhurst à dix-neuf ans, il fait une belle carrière dans l'armée, aux confins des questions militaires et diplomatiques. Après s'être illustré pendant la guerre des Boers, il sert d'interprète entre le Français Joffre et son homologue britannique French au début de la Première Guerre mondiale, puis mène une mission complexe en Roumanie.

La paix revenue, cet officier très politique s'engage à gauche : membre de la Société fabienne, elle-même intégrée au Parti travailliste, il se présente deux fois aux législatives, sans parvenir à entrer aux Communes. Qu'à cela ne tienne : quand le Labour remporte les élections, son leader Ramsay MacDonald anoblit ce militaire socialiste pour le faire entrer à la Chambre des pairs : le « premier baron Thomson » est également nommé secrétaire d'État à l'Aéronautique, une première fois en 1924, et de nouveau en 1929.

Sous son règne, le gouvernement britannique lance un ambitieux programme de dirigeables géants, capables d'assurer des liaisons intercontinentales. En octobre 1930, l'orgueil de la flotte aérienne, le R 101, est presque paré à relier Londres à Karachi. Presque, car il y a encore des réglages, des vérifications, une série de bidouilles techniques et contrariantes qui font perdre du temps. Or, lord Thomson est un homme pressé : on parle de le nommer vice-roi de ses Indes natales et, s'il veut bien donner l'exemple en volant à bord du plus grand dirigeable du monde, pas question d'y passer des semaines… Instructions sont données en ce sens et, le

4 octobre 1930 au petit matin, les hélices tournent, le colossal engin prend son envol.

Le soir même, vers vingt-deux heures, le R 101 mal vérifié s'écrase en France, près de Beauvais. Cinquante passagers périssent brûlés par l'hydrogène enflammé, six membres d'équipage seulement en réchappent. C'est la fin du programme britannique d'équipement en dirigeables. Une commission parlementaire mènera l'enquête, des spirites lui communiqueront les témoignages des défunts ; mais on ne recueillera aucun regret du ministre trop pressé. (B. F.)

Klement Gottwald (1896-1953)

Guerre froide, mort froide

C'est une fête absolument grandiose. Une fête immensément triste, mais grandiose. Une fois n'est pas coutume, les prolétaires de tous les pays sont unis, dans une affliction sans limite. La *lacrima communisti* forme un torrent qui s'en va saler les eaux glacées de la Moskova. Quatre jours avant ce 9 mars 1953, le monde a appris stupéfait la mort du grand Staline.

Dans toute l'Union soviétique, on grelotte et sanglote. C'est à celui qui sera le plus submergé d'émotion. Malheur à qui siffloterait en se rasant. D'ailleurs, on ne peut même pas se raser : d'intarissables larmes emportent le savon à barbe. On ne peut pourtant pas, non plus, se présenter négligé devant la dépouille du Maréchal Staline.

Dans les pays frères, on pleure tout aussi abondamment, ainsi que dans les partis communistes du monde occidental, qui ont envoyé à Moscou leurs représentants vêtus de leurs plus sombres habits.

Klement Gottwald, président de la République socialiste de Tchécoslovaquie, est lui aussi accablé de chagrin. Le Généralissime était comme son propre père. Il en avait tout appris. C'était Staline lui-même qui lui avait inspiré la formidable roublardise, l'impeccable habileté machiavélique dont Gottwald avait fait preuve lors du Coup de Prague du 25 février 1948, évinçant brillamment Edvard Beneš et son cortège de gouvernants réactionnaires, faisant entrer la Tchécoslovaquie dans la vraie dictature communiste. Deux semaines après ce spectaculaire échec et mat aux partis socialiste-national, populiste et démocrate, Gottwald s'en enorgueillissait et s'en justifiait ainsi : « En mai 1945, nous avons obligé la réaction à passer la porte de la salle des délibérations gouvernementales ; en février 1948, il était clair qu'elle était revenue par la fenêtre. » Toute sa carrière, Klement Gottwald a fait preuve de ce cynisme clairvoyant et servile qui l'a porté au pouvoir.

Les procès de Prague sont un autre de ses chefs-d'œuvre. À la fin de 1951, Gottwald fait arrêter Rudolf Slánský, secrétaire général du Parti communiste tchécoslovaque, et treize autres dignitaires. On les torture, afin qu'ils apprennent bien leur texte pour l'audience. Onze d'entre eux seront condamnés à mort, et pendus le 3 décembre 1952.

Trois mois après, Staline meurt à son tour. Klement Gottwald met dans sa valise une petite laine et quitte Prague pour Moscou. Depuis la tribune, il contemple les millions de camarades éplorés venus rendre hommage au Petit Père des Peuples. Le cortège défile pendant des heures. Gottwald, de santé précaire, prend froid. Le 14 mars, de retour à Prague, il succombe à une pneumonie. Le grand mort avait fait des petits. Pas qu'un seul : outre le pauvre Gottwald, les funérailles de Staline ont fait environ cinq cents victimes, piétinées lors de bousculades monstres.

Gottwald a eu droit à des obsèques à la Staline mais en plus petit, à Prague. On l'a embaumé à la mode de ces temps-là, sa grosse tête carrée a été exposée à la dévotion des peuples tchèque et slovaque, et puis après réflexion, on l'a ôté de son mausolée, en 1962. (O. Ch.)

Konrad Adenauer (1876-1967)

Le vent de l'Histoire

Peut-on mourir stupidement à quatre-vingt-onze ans ? Tel fut de dernier exploit de Konrad Adenauer, au terme d'une existence bien remplie.

Maire de Cologne en 1917, combattant le « soviet » local, révoqué par les nazis en 1933, leader de la CDU après la chute de Hitler, le voici en 1949 chancelier de la RFA. Trois fois reconduit jusqu'en 1963, il est l'artisan du redressement allemand. Fin politique, Adenauer a compris que la guerre froide donnerait à son pays l'occasion de se faire une place de choix dans le camp occidental. La construction européenne, qu'il encourage avec ses homologues démocrates-chrétiens de France, de Belgique et d'Italie, offre des débouchés à l'industrie allemande, en même temps qu'elle lave de son passé la grande vaincue de 1945. Ce travail aboutit, en janvier 1963, au traité de l'Élysée qu'il signe avec le général de Gaulle, scellant durablement l'amitié franco-allemande.

Konrad Adenauer perd le pouvoir la même année, mais il reste un député assidu et un militant exemplaire qui, malgré son grand âge, ne manquerait pour rien au monde les assises de son parti. Or, rien n'est plus traître et venteux qu'un centre de congrès. Celui de Munich est surchauffé, alors qu'une pluie glacée s'abat à l'extérieur. Or, Konrad Adenauer souffre depuis toujours d'une fragilité au niveau des voies respiratoires, qui l'avait déjà exempté du service militaire obligatoire prussien. Son souffle est si faible qu'il n'a jamais pu contracter d'assurance-vie, parce qu'on le refusait partout. Les courants d'air auront donc raison de ce vétéran, qui rentre à la maison malade et ne se remettra pas : il s'éteint chez lui, dans le quartier de Rhöndorf, à Bad Honnef, le 19 avril 1967.

En février, voyageant à travers l'Espagne de Franco, Adenauer avait fait à Tolède la connaissance d'une vieille *marquesa* qui, à la fin de leur entretien, lui souhaita une vie éternelle. « Ah non ça, c'est trop fort ! » avait répondu l'ancien chancelier. (B. F.)

Mitrofan Ivanovitch Nedelin (1902-1960)

C'est quoi le gros bouton rouge, là ?

En pleine guerre froide, le tout nouveau missile balistique intercontinental R-16 promet de faire des merveilles en matière de dissuasion nucléaire. C'est une superbe fusée de trente mètres de haut dont Mitrofan Nedelin, en sa qualité de commandant de la Force stratégique soviétique, a personnellement coordonné la conception.

Ce 24 octobre 1960, Mitrofan enfile son bel uniforme et se rend à l'aire de lancement n° 41 du célèbre cosmodrome de Baïkonour, dans la steppe kazakhe. Sur sa large poitrine s'étalent les innombrables décorations qu'il a acquises et bien méritées au cours de sa belle carrière dans l'Armée rouge. Il y a sur son cœur de révolutionnaire la médaille de la prise de Königsberg, l'ordre du Drapeau rouge, l'ordre de Lénine, la médaille de Héros de l'Union soviétique et toute une théorie de hautes distinctions militaires.

Il s'agit de faire plaisir au camarade Khrouchtchev : le lancement de la fusée R-16 doit avoir lieu avant le 7 novembre, anniversaire de la Révolution. Toute l'équipe chargée du tir prestigieux a travaillé d'arrache-pied, chantant tout le répertoire de la révolution ouvrière et paysanne, afin que le succès vienne à temps.

Les carburants et comburants utilisés pour arracher de tels engins à l'attraction terrestre n'ont pas grand-chose à voir avec ceux des stations-service. Il s'agit de produits extrêmement toxiques et corrosifs, à manipuler avec les plus grandes précautions, car très réactifs entre eux.

La veille, lors du remplissage des réservoirs, on a certes constaté une fuite assez importante d'un des produits, au point qu'un des ingénieurs a suggéré d'interrompre le processus. Mais Nedelin, qui dirige les opérations, a piqué sa colère, disant qu'en cas de vraie guerre nucléaire on n'aurait guère le loisir de tergiverser. Par conséquent, on a poursuivi la manœuvre, jusqu'à une sorte de point de non-retour : les réservoirs sont pleins, il faut lancer la machine dans les vingt-quatre heures, sans quoi les liquides vont grignoter les matériaux qui les contiennent.

Le lundi 24, le Kremlin appelle Nedelin à plusieurs reprises. Peut-être Nikita Khrouchtchev en personne. Mitrofan Ivanovitch s'agace de voir que les opérations traînent en longueur et exige qu'on l'amène en voiture, avec d'autres officiers supérieurs, de la terrasse d'observation au pas de tir, à huit cents mètres de là, pour constater par lui-même ce qui cloche. L'aréopage de hautes casquettes s'approche de l'engin ; on apporte un fauteuil au maréchal, afin qu'il puisse confortablement houspiller ses troupes et leur redonner du cœur à l'ouvrage.

Ils en ont bien besoin, car tout va de plus en plus mal. L'improvisation gagne. À proximité de la fusée, dans le camion depuis lequel les ingénieurs pilotent les interventions techniques, le stress laisse peu à peu la place à la panique. Un système électronique de sécurité concernant le deuxième étage est défaillant ; on préfère le mettre en panne. Sa déconnexion a-t-elle été fatale ? Un technicien imbibé a-t-il trop vivement posé son flacon de vodka sur le bouton rouge ? Toujours est-il que, à dix-huit heures quarante-cinq, alors que Nedelin engueule tout le monde depuis son trône posé à vingt mètres de l'engin, le deuxième étage se met à feu sans prévenir, les flammes atteignent les réservoirs du premier, et toute la fusée explose en une boule de feu de plus de cent mètres de diamètre, dégageant une chaleur de trois mille degrés. Le glorieux soldat Nedelin est minéralisé instantanément, ses jolies décorations ne font plus qu'une petite boulette de cuivre. Les techniciens, plus éloignés de la fusée, essayent de s'enfuir, mais glissent sur le bitume en fusion avant d'être rattrapés par la chaleur infernale et les poisons brûlants projetés hors du missile.

Le Kremlin ordonne immédiatement qu'on entoure la catastrophe du secret le plus opaque ; Leonid Brejnev lui-même diligente l'enquête. Selon un communiqué officiel du 26 octobre, le maréchal Mitrofan Ivanovitch Nedelin est mort « dans un accident d'avion ».

Le secret sur l'affaire Nedelin n'a été levé qu'en 1989. Officiellement, quatre-vingt-quatre militaires tués, dont vingt-sept des suites de leurs blessures, et dix-sept civils. Ce qui n'est pas très éloigné du bilan réel, situé entre cent vingt et deux cents morts.

Un des principaux concepteurs de la fusée, Mikhail Yangel, s'était écarté quelques minutes du pas de tir pour fumer une bonne cigarette brune et soviétique à l'abri d'un bunker, et pour discuter avec quelques militaires et ingénieurs de l'opportunité d'un nouveau report du lancement. Bien lui en a pris : il a été sauvé.

Le R-16 a finalement été lancé sans inconvénient majeur en février 1961. (O. Ch.)

Péter Vályi (1919-1973)

La fonte, c'est comme le goulasch,
il faut que ce soit très chaud

Ingénieur chimiste, Péter Vályi adhère au Parti communiste hongrois en 1945 et commence une belle carrière politique, très progressive et lente comme il sied aux gens prudents dans les républiques socialistes. Il devient ministre des Finances en 1967, membre du Comité central en 1970, puis vice-président du Conseil des ministres l'année suivante.

C'est à ce titre qu'il est invité, le 15 septembre 1973, à visiter le combinat sidérurgique Lénine à Miskolc, dans le nord-est du pays, non loin de la frontière slovaque, assez tard dans la soirée. Peu importe l'horaire, l'industrie lourde, socialiste ou pas, ne s'arrête jamais.

Le camarade-docteur Sándor Énekes, directeur de l'usine, n'est pas peu fier de démontrer la situation très enviable de la sidérurgie hongroise, à laquelle il contribue avec le zèle le plus révolutionnaire. Dans l'enthousiasme, les deux hommes laissent de côté les précautions les plus élémentaires ; sur la passerelle qu'emprunte toute la délégation émerveillée, Péter Vályi glisse et perd l'équilibre. Le directeur, terrorisé, l'attrape par le col pour empêcher qu'il ne tombe, et il dégringole avec lui dans un creuset empli de fonte incandescente.

Le 18 septembre, l'agence officielle MTI annonce le décès du camarade Vályi. Du camarade Énekes, il n'est pas question dans le communiqué. S'il a survécu, ce qui est hautement improbable, il a dû se prendre un bon savon à la manière hongroise.

À noter que les dignitaires d'Europe de l'Est ont une fâcheuse tendance, indépendante des régimes en place, à se croire exonérés des consignes de sécurité. Les jumeaux Kaczyński ne seraient-ils pas toujours deux, si Lech Aleksander, président de la République de Pologne, ne s'était pas entêté, le 10 avril 2010, à exiger que son Tupolev atterrît sur le terrain de Smolensk où soufflait la plus vive tempête, plutôt qu'un peu plus loin où tout se serait bien passé ?

Dans le cas de Péter Vályi, des voix se sont élevées – bien plus tard – pour suggérer qu'une opération du KGB aurait savamment organisé la chute du vice-président dans la fournaise. Les gens sont médisants. (O. Ch.)

VII

Trop actifs

Le philosophe, géomètre et astronome Thalès de Milet (v. 625-547 av. J.-C.), l'un des Sept Sages de la Grèce, le premier à avoir donné une mesure juste du temps, se dit un jour de grand soleil qu'il fallait se reposer les méninges et alla voir une compétition athlétique : il mourut de déshydratation sur les gradins. On ne saurait trop combattre la croyance selon laquelle le sport entretient la santé : la natation, la course, le vélo et autres modalités de l'effort inutile sont à l'origine de nombreux drames, dont les protagonistes auraient vécu plus vieux s'ils n'avaient exagérément cherché à bouger, agir et s'activer. « La mort attrape d'abord ceux qui courent », disait Giono.

MILON DE CROTONE (VIe siècle AV. J.-C.)

Un colosse pour les loups

Milon de crotone, fils de Diotime, est un athlète. Sa force est prodigieuse, presque légendaire. Mais c'est aussi et surtout, par son mariage avec Myia, le gendre de Pythagore, l'un des plus grands philosophes que la Méditerranée ait connus. Ce dernier intervient d'ailleurs directement dans l'entraînement de Milon, lui prodiguant d'innombrables conseils hygiéno-diététiques, aux confins de la médecine et du magico-religieux… De fait, le champion accumule les titres athlétiques en lutte : six victoires aux jeux Olympiques (la première en 540 AV. J.-C.), sept victoires aux jeux Pythiques, neuf aux jeux Néméens, dix aux jeux Isthmiques. Époustouflant.

Il cumule la beauté, le bonheur, la richesse – c'est l'homme le plus aisé de Crotone –, mais aussi l'intelligence, car il n'hésite pas à suivre les cours dispensés par son beau-père. D'ailleurs, un jour, sa force se révèle salvatrice, puisqu'il parvient à soutenir le plafond croulant de la salle d'enseignement, le temps que les disciples s'enfuient à l'extérieur… On dit de lui des choses extraordinaires : il est capable de tuer un bœuf en l'assommant et de le dévorer de la tête aux pieds dans la journée. Outre son appétit gigantesque, il peut rompre une corde ceinte autour de sa tête en gonflant les veines de ses tempes !

Mais, parvenu au soir de sa vie, curiosité néfaste ou dernier baroud d'honneur, Milon veut encore savoir ce qui lui reste de sa folle jeunesse. Marchant dans une forêt, il aperçoit sur le bord du chemin un arbre, sans doute un chêne, ouvert en deux par le milieu. Pour finir le travail que la nature avait entamé, il place ses mains dans le creux du tronc et tente alors de le fendre en deux complètement. Hélas, la force lui manque, et il ne réussit pas. Ses mains restent prisonnières du bois, et le pauvre Milon est immobilisé, sans défense. Les bêtes sauvages qui hantent alors les forêts, à commencer par les loups, sentent la chair fraîche et se font un malin plaisir de dévorer tout cru l'imposant athlète. (Ph. Ch.)

Frédéric Ier de Hohenstaufen dit Frédéric Barberousse (1122-1190)

L'armure du risque

Prince de la dynastie des Hohenstaufen, Frédéric est élu « roi des Romains » en 1152, succédant ainsi à son oncle Conrad III, et couronné à Rome par le pape en 1155. Considéré comme l'héritier politique de Charlemagne, et désormais à la tête d'un empire qui englobe alors, outre l'Allemagne, l'Autriche et la Bohême, une grande partie de l'est de la France et le nord de l'Italie, Frédéric Barberousse entreprend de réorganiser l'administration de son vaste empire, affaibli par des querelles religieuses et les incursions normandes.

En 1188, il s'allie au roi de France, Philippe Auguste, et au roi d'Angleterre, Richard Cœur de Lion, prenant la tête de la troisième croisade, qui vise à contenir les ambitions de Saladin en Terre sainte. Après une longue marche à travers l'Europe et l'Empire byzantin, l'armée de Frédéric Barberousse affronte celle de Saladin en Anatolie. C'est à la suite d'une de ces batailles que meurt Frédéric Barberousse, le 10 août 1190, dans des circonstances restées mystérieuses.

Selon la légende, Frédéric Barberousse aurait voulu se désaltérer après la bataille et se serait baigné en armure dans un fleuve pour se rafraîchir… Autre possibilité, Frédéric Barberousse traversait le fleuve à cheval, et ce dernier, pris de panique, aurait fait chuter son cavalier lourdement lesté. Dernière possibilité enfin, Barberousse aurait traversé le fleuve à pied, et le choc thermique aurait causé un infarctus ; le poids de son armure aurait fait le reste. Seule certitude, Frédéric Barberousse est mort noyé, et son armure n'est pas pour rien dans ce décès prématuré… (D. A.)

Saint Thomas d'Aquin (v. 1225-1274)

Comme un saint sur la branche

Saint Thomas d'Aquin n'aurait pas dû mourir. Enfin, pas si vite.

Ce dominicain est né au château de Roccasecca, près d'Aquino, dans le sud de l'Italie, vers 1225. Sa formation se fait au Mont-Cassin, puis à Naples, Paris, Cologne. Il enseigne à Orvieto, Rome, Paris, Naples. Autant dire qu'il n'arrête pas de bouger ni d'écrire. Sa somme littéraire et philosophique est impressionnante, principalement composée de commentaires sur des textes saints ou antiques.

Mais tout change le 6 décembre 1273. L'homme a alors une expérience mystique au cours d'une messe. Révélation ou accident vasculaire cérébral ? Il décide dans tous les cas de ne plus rien écrire, affirmant qu'en comparaison de ce qu'il a perçu du mystère de Dieu son œuvre lui paraît « comme de la paille ». Dans le même temps, la santé de cet homme à si forte carrure qu'on le compare à un bœuf commence à décliner fortement. Devenu fragile, il poursuit néanmoins ses pérégrinations. Appelé au concile de Lyon par le pape Grégoire X, il meurt sur la route le 7 mars 1274, à cinquante ans environ. L'histoire rapporte qu'à cheval il a heurté une branche d'arbre et perdu aussitôt connaissance. Après un évanouissement de courte durée, il a pu reprendre place sur sa monture, puis est mort brutalement et *définitivement* quelques heures plus tard, au monastère cistercien de Fossanova. Cette succession de symptômes est très en faveur du diagnostic d'hématome extradural : un choc à la tête a entraîné la rupture d'une petite artère qui va saigner jusqu'à provoquer la mort du sujet par compression du cerveau.

Mais tout le monde ne s'accorde pas sur ces derniers moments : pour d'autres, il serait mort en chemin, certes, mais hors de tout contexte traumatique, en commentant tranquillement aux moines qui l'accompagnaient le Cantique des Cantiques.

Dans tous les cas, il fallut bien s'occuper du cadavre… Pour lui faire franchir les plusieurs centaines de kilomètres qui le séparaient de son lieu d'inhumation – l'église des Jacobins, à Toulouse –, on fit bouillir le corps, ne transportant dans une châsse que ses os blanchis. (Ph. Ch.)

Henri II (1519-1559)

Le roi free-lance

Résumons la situation à la louche : l'Europe voit arriver les quatre décennies parmi les plus noires de son histoire, l'épisode fratricide et hystérique des guerres de Religion, dégoulinant de sang et de monstruosités. Le roi de France Henri II a choisi son camp : les catholiques. Il vient de signer avec l'Espagne la paix du Cateau-Cambrésis, les puissances catholiques unies vont enrayer le fléau, les guerres de Religion se limiteront à quelques émeutes vite écrasées, on respire. Pour renforcer cette union, on la doublera non par un mariage, mais par deux en même temps : respectivement au roi d'Espagne Philippe II et au duc de Savoie, le roi confie sa fille et sa sœur. Pour célébrer le double événement, on prévoit une fête grandiose à Paris, au cours de laquelle on organisera le plus prisé des spectacles : un tournoi, une joute tout en armures

30 JUIN

et oriflammes, lances et épées étincelantes, énormes chevaux harnachés se jetant les uns contre les autres, le premier à terre a perdu, mais attention, que des gens bien : les nobles, le gratin, d'ailleurs le roi lui-même annonce y concourir. Il se déclare « tenant » comme on dit alors, rien d'extraordinaire, le roi participe régulièrement à ces jeux, où il gagne souvent, mais c'est normal, c'est le roi.

La dernière journée du tournoi s'achève, ce 30 juin 1559 : un succès, la foule des grands jours dans cette rue Saint-Antoine où on a monté la lice, tout s'est bien passé, dans chaque combat où le roi a jouté, il a gagné, mais c'est normal, c'est le roi. Le soleil baisse à travers la poussière, les spectateurs sont fatigués, certains commencent à partir, lorsque le souverain manifeste le désir de disputer un dernier combat avec un jeune seigneur vigoureux. Sa mère et son beau-frère tentent de dissuader le royal concurrent, ils ne le sentent pas, ce n'est plus l'heure, même son adversaire fait la fine bouche. Le roi se fâche : quand le roi décide de jouter, on joute. Les destriers se jettent l'un contre l'autre, ça fait badaboum crac, et très vite on constate que quelque chose ne va pas. Le roi n'a pas chuté lors du choc, mais au bout de la lice, il vacille, tombe, on se précipite. La lance de son adversaire a glissé sur le bouclier dans le mauvais sens, elle s'est cassée en soulevant la visière du heaume et la hampe brisée a frappé le royal visage non protégé. Les dégâts sont terribles : parmi les dizaines d'esquilles et d'échardes qui ont pénétré les chairs, un énorme bout de bois s'est fiché dans l'œil juste sous l'arcade. Quand on essaie de l'enlever, le roi hurle de douleur, on n'y touchera plus. C'est la consternation, surtout à la perspective des conséquences, si le roi disparaît.

Son jeune adversaire effondré vient à genoux demander qu'on lui coupe la main et la tête ; magnanime dans sa torture, le roi l'absout.

Et pendant les dix interminables jours de son agonie, la médecine de l'époque va déployer tout ce qu'elle sait de sa calamiteuse virtuosité en multipliant les remèdes destructeurs : purges et saignées. Quand les deux plus grands chirurgiens du temps, Ambroise Paré et André Vésale, arrivent à son chevet, le roi est mourant. Son fils François, un adolescent maladif et fragile, s'apprête à monter sur le trône, et la France à basculer dans le bain de sang qu'on connaît. (B. L.)

Ernest Chausson (1855-1899)

La roue de l'infortune

Issu d'un milieu aisé, Amédée-Ernest Chausson naît à Paris le 20 janvier 1855. Il fréquente dès 1874 le salon de Mme Saint-Cyr de Rayssac, où il rencontre les peintres Fantin-Latour et Odilon Redon, et le compositeur Vincent d'Indy. Il fait son droit pour plaire à ses parents, mais son caractère l'entraîne vers un idéal de bonheur impossible qui lui cause des crises de profond abattement. Il désire se consacrer pleinement à la musique. Il devient le secrétaire de la Société nationale de musique, tient salon parmi les toiles impressionnistes, recevant ses amis Duparc, Fauré, Debussy… Ayant déjà composé deux sonatines pour piano à quatre mains, quelques chansons, il s'inscrit en 1879 dans la classe de Jules Massenet au Conservatoire. Il découvre la musique de César Franck et assiste à la création de *Parsifal* par Wagner à Bayreuth. Il compose des mélodies inspirées des poètes symbolistes, notamment *Les Serres chaudes*, d'après Maeterlinck. Il écrit des œuvres plus longues et plus personnelles, sa *Symphonie en si bémol majeur*, *op.* 20, son *Concert en ré pour piano, violon et quatuor à cordes*, *op.* 21 ou son *Poème*, *op.* 25, créé par Ysaÿe. *Le Roi Arthus*, son opéra, va lui demander neuf années d'un travail de titan et parachève en 1895 sa vie mondaine.

Passant ses vacances d'été à Limay, près de Mantes, dans une villa jadis louée par Corot dont il admire l'œuvre, Chausson s'adonne à la promenade après ses journées de composition. Il fait très chaud ce 10 juin 1899. À six heures du soir, délaissant les portées de son *Quatuor à cordes* pour la bicyclette, il chevauche en compagnie d'Étiennette, sa fille aînée. La jeune cycliste, agile, ne voyant pas venir son père, se retourne et découvre le musicien gisant, tempe fracassée, dans le parc de la propriété. Chausson qui écrivait dans son journal : « La mort arrive inopinément mais elle n'est pas imprévue », n'a rien vu venir. Pente raide, fatigue, caillou mal placé ? Certains journalistes en mal de copie gloseront autour de ce décès brutal, solution volontaire de ce « nostalgique du ciel » pour échapper à « l'insoutenable douceur de vivre ». (F. Ch.)

Louis Hémon (1880-1913)

Le vagabond s'en tamponne

« En somme, je les ai essayées toutes, les routes allègres qui vous conduisent au bout du monde. » Louis Hémon connaissait sans doute ce refrain du *Royal Vagabond* de Kipling. Excitant ses désirs de voyage, le port de Brest le voit naître le 12 octobre 1880. Hémon renonce vite à ses projets de carrière diplomatique. Il apprend l'annamite pour s'expatrier en Extrême-Orient et quitte sa famille. Mais ce sera d'abord Londres et l'East End des pauvres, lui inspirant *Colin-Maillard*, *Battling Malone* et *La Belle que voilà*, trois œuvres empreintes d'humanité pour les damnés de la Terre. Hémon rencontre Lydia O'Kelly, dont il aura une fille.

Après huit années passées à Londres, il s'enfuit seul, en 1911, pour le Canada. Il projette d'abord de faire à pied le tour du lac Saint-Jean – mille kilomètres –, puis se fixe à Saint-Gédéon où il devient commis de ferme. Il tire de cette expérience la matière de *Maria Chapdelaine*. Les aventures de cette

Québécoise incarnant les valeurs traditionnelles assureront la gloire universelle de ce livre adapté trois fois au cinéma et traduit dans le monde entier. Cette œuvre bien-pensante, devenue l'emblème du Canada éternel, masquera longtemps *Monsieur Ripois* et les récits aux idées révolutionnaires de Louis Hémon, qui avait rompu avec la bourgeoisie.

Devenu traducteur, il s'installe à Montréal, qu'il quitte pour retrouver les joies simples : les moissons du Grand Ouest. Vagabond du rail à la manière de Jack London, il longe la ligne du Canadian Pacific Railway, cheminant avec un compagnon d'équipée australien. Le 8 juillet 1913, il est de passage à Chapleau, dans l'Ontario. Pour traverser la forêt, il lui faut suivre la voie ferrée. Quand le convoi hurle, ce soir-là vers dix-neuf heures quinze, les deux pèlerins, probablement éméchés, sont persuadés que le train file sur l'autre voie. La locomotive tamponne Louis Hémon, l'emportant avec ses rêves. On retire de sa botte ses petites économies : à peine de quoi payer sa sépulture… (F. Ch.)

Frank Hayes (1888-1923)

Le cavalier de l'Apocalypse

Belmont Park est un important hippodrome de l'agglomération de New York, sur Long Island, à quelques kilomètres au nord de ce qui est aujourd'hui l'aéroport Kennedy.

Ce 4 juin 1923, le folklore des champs de courses est en place, les turfistes à casquettes et mégots, et les élégantes à chapeaux sont au rendez-vous. Le speaker s'est fait la voix au bourbon *on the rocks*. La deuxième course peut commencer. C'est un steeple-chase de trois mille deux cents mètres, ou plus exactement deux milles terrestres, comprenant douze obstacles.

Parmi les concurrents, Sweet Kiss, une jument qui a peu fait d'étincelles, montée par Frank Hayes, qu'on a vu parfois en course, surtout connu dans le milieu pour être un bon entraîneur. La paire ne séduit guère les parieurs ; lorsque la course s'élance, elle est cotée à vingt contre un. À la surprise générale, et à celle de Hayes en particulier, Sweet Kiss est en tête à mi-course, avec deux longueurs d'avance ! Ses poursuivants regagnent du terrain, tout l'hippodrome est en haleine. La logique du sport semble finalement devoir l'emporter, lorsque Sweet Kiss, comme mue par une force surnaturelle, produit une accélération irrésistible et coupe la ligne d'arrivée avec une bonne longueur d'avance. Les rares parieurs à avoir risqué sur elle quelques dollars exultent. Moins cependant que le propriétaire de la jument, qui n'en aurait jamais tant espéré dans ses rêves les plus fous.

Frank Hayes, qui devrait à ce moment-là montrer aussi sa grande joie mêlée de surprise, adopte une position fort incongrue : il est avachi sur son cheval, légèrement de travers, comme s'il était pris d'une envie subite de faire une petite sieste. Et pour cause : il est mort au finish d'une crise cardiaque !

Le règlement est formel : pour que sa performance soit validée, un cheval doit arriver monté, même par un cadavre tout frais.

Le malheureux Hayes a été enterré vêtu de sa panoplie de jockey. (O. Ch.)

René Goscinny (1926-1977)

Ils sont fous, ces cardiologues

Quand il quitte son domicile pour un examen médical anodin prescrit dans le cadre d'un bilan de santé, ce 5 novembre 1977 à neuf heures du matin, René Goscinny est un homme comblé par l'existence. À cinquante et un ans, il a derrière lui une carrière peu commune de travail, de talent et d'innovation. Lui et quelques autres ont réussi en dix ans à hisser la bande dessinée sous les projecteurs des adultes, des artistes, du grand public. À la tête de l'hebdomadaire *Pilote*, Goscinny est parvenu à transformer une distraction légère pour enfants ou ados puérils en un mode d'expression à part entière, véhicule de création, de satire, de critique, voire outil de pédagogie. Avant lui, il y avait les petits Mickey des illustrés ; après lui, il y a eu la BD. Plus que tout, avec son humour universel, il a réussi à concilier ses exigences de qualité, de culture et de subtilité avec un énorme succès populaire. Les personnages qu'il a créés ou repris, d'Astérix au Petit Nicolas, de Lucky Luke à Iznogoud, sont devenus les compagnons quotidiens des Français de tous âges et de tous milieux. Aucun créateur littéraire depuis Molière n'a pu jusqu'à ce jour se targuer d'autant d'expressions passées dans le langage courant : de « Ils sont fous, ces Romains » à « Quand est-ce qu'on mange ? », en passant par « le calife à la place du calife » ou « Tais-toi Averell », il a donné des munitions pour cinquante ans aux journalistes en mal de titres et aux dialoguistes à court d'inspiration. Et quand, ce matin-là, son chauffeur le dépose en compagnie de sa femme Gilberte à la clinique internationale du parc Monceau, dans le XVIIe arrondissement, il n'a aucune raison de douter que sa carrière poursuive son ascension, pour le bonheur de tous les publics.

Un pédalier, des électrodes : le test d'effort est un outil indispensable pour la surveillance du cœur, d'une pratique banale et systématiquement utilisé. Il permet au cardiologue de détecter la moindre anomalie dans le cycle cardiaque. Mais quand ce matin-là le patient, entre deux coups de pédale, se plaint d'une douleur au bras, symptôme significatif, le praticien lui demande de continuer à pédaler encore un peu : en présence d'une faiblesse manifeste, il a besoin d'affiner le diagnostic. Mais la faiblesse se révèle en l'occurrence une vraie défaillance. Au bout de quinze secondes, le patient s'écroule. Les tentatives de réanimation seront vaines, Goscinny est mort. Un temps incriminé, le cardiologue sera mis hors de cause : l'écrivain souffrait d'une pathologie imprévisible à ce stade, il aurait pu s'effondrer le lendemain dans l'escalier ou dans la rue, argumenteront les experts.

Sa mort n'interrompra pas la carrière de ses héros qui continueront à grimper dans le hit-parade des ventes et des adaptations, tous repris, sauf Nicolas, par leur dessinateur ou d'autres auteurs avec des bonheurs divers. Mais pour les vrais goscinnomanes, Astérix, Obélix, Lucky Luke, Rantanplan, Iznogoud et les autres sont morts avec lui ce jour-là. La potion magique n'a été d'aucun secours contre Caïus Infarctus. (B. L.)

Christa Päffgen dite Nico (1938-1988)

Le cycle de la gloire

Se représenter Christa Päffgen dite Nico, c'est imaginer une magnifique Allemande blonde et grande, une beauté inapprochable, une déesse du panthéon germanique ancien. Elle est de plus dotée d'une voix grave extrêmement troublante, qui laisserait Marlène Dietrich au rayon des débutantes fumant très peu. Une voix comme seule une Berlinoise peut en avoir une. Christa Päffgen est née à Cologne, mais elle a grandi à Berlin. Et c'est à New York qu'à partir de 1967 la jeune mannequin débute dans la musique aux côtés d'Andy Warhol et du Velvet Underground de John Cale et de Lou Reed, après quelques premiers pas au cinéma : elle apparaît chez Fellini, dans *La Dolce Vita* (1960). Salvador Dalí, de son côté, apprécie de se montrer avec Nico à son bras.

En réalité, la belle est moins intouchable qu'il n'y paraît. En témoigne une collection d'amants des plus prestigieuses. Dans le désordre et sans exigence d'exhaustivité : Brian Jones, Bob Dylan, Philippe Garrel dans les films duquel elle apparaît à de nombreuses reprises, Jim Morrison, Alain Delon, dont le fils de Nico, Ari, né en 1962 et qui a sauté sur les genoux de Lou Reed et d'Andy Warhol, se revendique le fils. Il a d'ailleurs écrit une biographie de sa mère où figurent des photographies de lui dont on dirait, s'il était vraiment né d'Alain Delon : « Il a les yeux de son papa. » Mais Delon a toujours nié la paternité de ce garçon.

Le 13 décembre 1974, le groupe berlinois Tangerine Dream et Nico se produisent en la vénérable cathédrale de Reims. La belle Allemande interprète son répertoire en s'accompagnant à l'harmonium. L'effet produit est magnétique, lorsqu'elle chante *This Is The End*, de son camarade Jim Morrison, ou encore une version bien à elle de *Deutschland Über Alles*. Cinq mille personnes assistent à cette messe psychédélique. Un opaque nuage de fumées malhonnêtes stagne à mi-hauteur de la nef. Après cette prestation, l'archevêché renonce à organiser des concerts de musique profane dans l'édifice.

La carrière de Nico décline ensuite puis s'arrête. Elle a de plus en plus de difficulté avec l'héroïne et décide de se retirer sous le soleil d'Ibiza, où ses premiers succès lui avaient permis d'acheter une maison.

Le 18 juillet 1988, elle prend son vélo pour aller acheter rien qu'un peu d'herbe au village. Le soleil ardent des Baléares convient mal, hélas, aux blanches carnations prussiennes, et l'insolation la gagne. Elle chute malencontreusement et meurt peu après d'une hémorragie cérébrale, à l'hôpital. L'icône Nico n'est plus. (O. Ch.)

Owen Hart (1965-1999)

Le catcheur trapéziste

La gloire ne tient parfois qu'à un fil : le catcheur canadien Owen Hart en fit l'expérience. Né le 7 mai 1965, il s'oriente comme son père vers le catch, devient rapidement champion par équipe au sein de la World Wrestling Federation, à laquelle il appartient dès 1987, ou en solo contre son frère, comme lui masqué. En 1993, il se blesse en ratant son entrée sur le ring.

Sûr de lui, il décide un jour d'y descendre suspendu à un câble. L'Arena de Kansas City est pleine à craquer ce 23 mai 1999. Owen Hart doit affronter *The Godfather* en championnat intercontinental. Il s'est élancé trop tôt, peut-être : la corde où il se balance se brise. Le catcheur s'écroule après une chute brutale. Hémorragie interne et traumatisme thoracique ont raison de lui. Seuls les spectateurs présents dans la salle assistent à cet événement sportif de haut vol, la télévision américaine ayant préféré une publicité à cette mort en direct. (F. Ch.)

Les dangers du sport

Raymond Johnson Chapman (1891-1920), joueur de base-ball américain, est mort d'une balle en plein visage.

John Godfrey Parry-Thomas (1884-1927), coureur automobile gallois, fut décapité par la chaîne de son bolide alors qu'il battait son propre record de vitesse.

Enfin, Vladimir Viktorovitch Smirnov (1954-1982), champion olympique d'escrime, a reçu un fleuret dans l'œil, blessure gravissime qui l'emporta après neuf jours d'agonie.

....

VIII

Trop tranquilles

Pyrrhus (v. 319-272 av. J.-C.), roi d'Épire, après avoir deux fois vaincu les armées romaines qu'il chargeait avec ses éléphants, mourut à cause d'une tuile qu'une femme lui avait lancée... Et s'il y avait une relativité dans les morts stupides ? Certains décès, qu'on considérerait comme violents pour un individu moyen, prennent une tournure grotesque dès lors qu'ils frappent des personnages hors du commun, qu'on aurait préféré voir s'éteindre autrement. Une mort stupide est d'abord une mort injuste : l'aventurier qui se repose, l'explorateur en retraite, le combattant qui s'enferme dans un bureau prennent plus de risques qu'ils ne le croient.

Antoine de Bourbon (1518-1562)

Mort sur le trône ou presque

Né le 22 avril 1518 à La Fère en Picardie, Antoine de Bourbon épouse Jeanne d'Albret en 1548 et devient roi consort de Navarre à la mort de son beau-père, en 1555. De cette union naîtront cinq enfants, dont le futur Henri IV.

Premier prince du sang après la famille royale, Antoine de Bourbon est surtout connu pour son opportunisme politique, sa bravoure au combat et ses convictions religieuses intermittentes… D'abord partisan de la religion réformée, il se rallie à la foi catholique en se rapprochant de la Cour. « Paris vaut bien une messe », dira son fils quelques années plus tard… En attendant, la situation familiale du roi consort de Navarre s'annonce pour le moins compliquée puisque son frère cadet, le prince de Condé, prend alors la tête du parti huguenot, tout comme sa femme qui reste une fervente protestante. Fort opportunément, Antoine de Bourbon tente de répudier Jeanne d'Albret pour hérésie, tout en essayant de garder sa couronne de Navarre. Sans succès. Nommé lieutenant général du royaume par la régente Catherine de Médicis, il est chargé de libérer Rouen, aux mains des protestants et ravitaillée par les navires d'Élisabeth d'Angleterre. Le 27 septembre 1562, à la tête de l'armée royale, Antoine de Bourbon assiège la citadelle normande. Vaillamment défendue par le comte Gabriel de Montgomery, la ville résiste aux assaillants. Le 16 octobre, pour galvaniser ses troupes, Antoine de Bourbon monte en première ligne et s'expose à l'artillerie adverse. Au cours de l'assaut, il se met à l'abri derrière un talus pour uriner et reçoit une balle d'arquebuse dans l'épaule gauche qui le blesse mortellement. Le 26 octobre, la ville est enfin prise par l'armée royale. Antoine de Bourbon ne profitera guère de sa victoire, la gangrène le rongeant chaque jour un peu plus. Il décède aux Andelys le 17 novembre, des suites de ses blessures. Des mésaventures du prince, Voltaire écrira cette épitaphe satirique :

> Ami français, le prince ici gisant
> Vécut sans gloire et mourut en pissant.

(D. A.)

Henri II et II font IV

On l'ignore souvent, mais Henri de Bourbon, n'aurait jamais dû devenir roi de Navarre, et encore moins roi de France, sous le nom d'Henri IV. En effet, il n'est que le deuxième fils d'Antoine de Bourbon et c'est son frère aîné, Louis-Charles de Bourbon, qui était promis à régner. Mais le destin en décidera autrement. En effet, à peine âgé de deux ans, sa nourrice et un gentilhomme s'amusaient à se lancer le nourrisson solidement emmailloté dans son linge. Une pratique locale semble-t-il destinée à vivifier le nourrisson. Mais au cours de la partie, le gentilhomme tente une feinte et le bébé passe par la fenêtre du premier étage du château de Pau. Louis-Charles de Bourbon meurt des suites de ses blessures une semaine après l'accident… Le Béarn est terre de rugby.

Le sort semble s'acharner sur la famille de Bourbon, puisque le duc de Beaumont, frère cadet du désormais Henri de Navarre, meurt quelques années plus tard, étouffé par sa gouvernante qui l'avait trop enserré dans des linges : « Vaut mieux suer que trembler », avait-elle coutume de dire. L'enfant n'y survivra pas. La vie de famille autour d'Henri IV est pour le moins funeste. Son père meurt en pissant, sa mère meurt empoisonnée, ses deux frères d'un accident stupide, et lui-même sera assassiné en 1610 par Ravaillac… Pas de doute, c'était mieux avant. (D. A.)

Stanislas Leszczyński (1677-1766)

Le feu roi

Rarement vie aura été aussi aventureuse que celle de Stanislas Leszczyński, roi de Pologne, dernier duc de Lorraine et de Bar. Personnage haut en couleur, doté d'un appétit féroce et d'un humour qui ne l'est pas moins, Stanislas Leszczyński connaîtra le succès et la déchéance. Cette vie aventureuse à travers l'Europe lui inspirera cette phrase restée célèbre : « Il faut plusieurs marches pour accéder à la gloire, il suffit d'en rater une pour en descendre. »

Né en 1677 à Lvov (aujourd'hui en Ukraine), d'une vieille famille de l'aristocratie polonaise, Stanislas Leszczyński reçoit une solide éducation et visite les plus grandes villes d'Europe. L'aventure commence en 1697, quand le tsar de Russie, Pierre le Grand, et Auguste II de Pologne déclarent la guerre au royaume de Suède, qui couvre alors une grande partie de l'Allemagne du Nord, de la Finlande et les pays baltes. Ce qui devait être une guerre éclair tourne au fiasco pour les coalisés. Vainqueur de ses ennemis, Charles XII (alors âgé de quinze ans !) chasse Auguste II du trône de Pologne et favorise la désignation de Stanislas Leszczyński à la tête de cette monarchie élective. Ce premier règne ne durera guère, puisque, après la défaite des armées suédoises à Poltava en 1709, Charles XII est retenu prisonnier par Pierre le Grand ; Stanislas, chassé du trône de Pologne, décidera non sans panache de partager sa captivité avec le roi de Suède…

En 1714, une fois les souverains libérés, Charles XII lui confère la souveraineté de la principauté des Deux-Ponts, près de la frontière avec la Lorraine : il y restera jusqu'à la mort de Charles XII, en 1718.

Réfugié en France, Stanislas Leszczyński est un souverain déchu, ne devant sa modeste subsistance qu'à une pension de la couronne de France, quand, en 1725, Louis XV lui demande la main de sa fille Marie ! Ce revirement de situation, pour le moins inattendu, propulse de nouveau Stanislas Leszczyński dans le jeu diplomatique européen. En 1733, la mort d'Auguste II ouvre la guerre de succession de Pologne. Deux blocs s'affrontent. Les partisans de l'empereur germanique souhaitent que le fils du duc de Saxe succède à son père sur le trône polonais sous le nom d'Auguste III, tandis que Louis XV, non sans arguments et soucieux de se débarrasser de son beau-père, soutient la restauration de Stanislas Leszczyński. Avec l'appui de la France, celui-ci se rend *incognito* à Varsovie et, le 12 septembre 1733, est reconnu roi de Pologne et grand-duc de Lituanie par la Diète (parlement polonais) !

Hélas pour Stanislas, dès le 22 septembre, la Russie, alliée au bloc germanique, envahit la Pologne, tandis qu'Auguste III est proclamé roi. Réfugié à Dantzig, assiégée par les Russes, Stanislas ne peut compter que sur l'aide de son gendre qui déclare la guerre à l'empereur romain germanique… Mais en attendant les secours, la ville est assaillie par les Russes, qui pilonnent violemment ses défenses. Le 27 juin 1734, Stanislas parvient à s'échapper de Dantzig grâce à l'intervention de la flotte française, trouve refuge en Prusse-Orientale, tandis que l'empereur cherche à négocier la paix avec la France. Le compromis sera pour le moins original. Stanislas Leszczyński abdique le trône de Pologne – tout en gardant le titre – et reçoit en échange le duché de Lorraine et de Bar, tandis que le duc de Lorraine, futur époux de Marie-Thérèse d'Autriche, reçoit en compensation le duché de Toscane… Le traité de paix prévoit en outre qu'à la mort de Stanislas Leszczyński la Lorraine reviendra à la France, qui réussit ainsi à annexer cette province : elle lui apportera une continuité territoriale avec l'Alsace, conquise quelques décennies plus tôt par Louis XIV.

Déchu deux fois de son trône de Pologne, Stanislas Leszczyński s'installe à Lunéville mais n'y exerce aucun pouvoir. Richement pensionné par son gendre, il « délègue » ses pouvoirs à son intendant Chaumont de La Glaizière, qui administre *de facto* la province pour le compte de Louis XV. Stanislas Leszczyński se contente d'un rôle de représentation, agissant le plus possible pour atténuer les rigueurs que la nouvelle administration inflige aux Lorrains. Dépourvu de poids politique, souvent raillé à Versailles comme un « roi de pacotille », Stanislas ne reste pas inactif en se faisant mécène. Favorable aux Lumières, ennemi des fanatiques, il se fait le protecteur des peintres, des artistes et des gens de lettres ; Voltaire trouve plusieurs fois refuge à la cour de Lunéville, dont le souverain favorise la création de bibliothèques et d'œuvres de bienfaisance. Stanislas finance aussi l'embellissement de nombreuses villes lorraines, dont Nancy, où la place principale porte aujourd'hui son nom.

Gourmand – on doit à Stanislas Leszczyński l'importation du « baba au rhum », dessert traditionnel polonais à base de kouglof qu'il trouvait trop sec et qu'il assaisonnait de rhum pour l'humidifier –, le vieux roi est perclus de rhumatismes, atteint de surdité et de plus en plus malvoyant.

Le 5 février 1766, levé à six heures du matin, comme d'habitude, Stanislas se réchauffe dans son fauteuil, près de la cheminée. Les hivers sont froids en Lorraine. Soudain, sa robe de chambre commence à se consumer. Dans un premier temps, Stanislas ne sent rien, mais quand la douleur le prend, il se débat en vain contre les flammes qui le dévorent. Malgré ses hurlements, personne ne vient à son secours, et ce n'est que de longues minutes après qu'on le retrouve affaissé dans l'âtre. D'après la légende, les premiers soins lui sont donnés par une jeune servante à qui il aurait déclaré : « Qui eût dit, madame, qu'un jour nous brûlerions des mêmes feux ? » Malgré ce trait d'esprit bien dans le ton de l'époque, le constat est effrayant. Tout le côté gauche du roi de Pologne est consumé, bras, jambes, corps. Le visage aussi est atteint, mais de façon plus superficielle. Le roi de Pologne a beau reprendre connaissance dans la journée, son état reste critique. Quinze jours après l'accident, la fièvre se fait plus forte. Deux fois par jour, des destriers partent pour Versailles afin de tenir informée la Cour. Dans l'un des derniers billets qu'il a fait dicter à sa fille, Stanislas tire sa révérence par un trait d'humour : « Vous m'avez conseillé de me garder du froid. Vous auriez mieux fait de me dire de me préserver du chaud ! » Le roi aventurier décède d'une douillette enflammée, le 23 février 1766. (D. A.)

Jules Dumont d'Urville (1790-1842)

Le train-train quotidien

Jules-Sébastien-César Dumont d'Urville n'avait probablement jamais pris le train avant de s'embarquer à Toulon le 11 septembre 1837, et pour cause : le chemin de fer existait à peine et il est vraisemblable qu'un navigateur de cette trempe eût pour ce mode de transport un certain mépris. C'est justement l'année où on inaugure la ligne de Paris à Saint-Germain-en-Laye. Celle qui dessert Versailles depuis la gare Montparnasse n'ouvrira qu'en 1840.

Dumont d'Urville n'est pas navigateur par hasard ni par occasion. Le jeune aristocrate normand, dont le père est passé entre les gouttes de la Grande Terreur, a un but dans la vie : devenir contre-amiral à cinquante ans.

Il apprend les manœuvres à Brest, sur des navires qui ne sortent pas de la rade, bloquée par les Anglais. On peut gager que, dans ces conditions, il fait rapidement sienne cette devise simple et lumineuse : « Dans la marine, on salue tout ce qui bouge et on repeint tout ce qui ne bouge pas. » La suite de sa carrière est nettement moins morose et statique.

Dès 1819, au cours d'une campagne hydrographique en Méditerranée, il s'initie à la botanique, à l'entomologie et à l'archéologie. Il devient un authentique naturaliste, toujours prompt à envoyer des échantillons et prélèvements au Muséum d'histoire naturelle.

En 1820, il apprend qu'un paysan grec prénommé Yorgos a découvert une superbe statue de femme en marbre, en binant son champ d'aubergines, sur l'île de Milo, l'antique Mélos. Par l'entremise de Dumont d'Urville, après des tractations rocambolesques et l'accident mystérieux qui lui aurait coûté ses bras, la Vénus de Milo sera présentée et offerte à Louis XVIII, puis exposée au Louvre dont elle est toujours une des stars incontestées.

Au début de 1828 et au cours d'une circumnavigation de l'*Astrolabe*, il découvre à Vanikoro les restes de l'expédition malheureuse de La Pérouse, perdue en 1788.

Le grand voyage de Dumont d'Urville est son ultime expédition maritime, qu'il effectue de 1837 à 1840 aux commandes de l'*Astrolabe*, naviguant de conserve avec la *Zélée*. Au cours de cette campagne mouvementée, éprouvante et meurtrière, il découvre le 21 janvier 1840, par cent quarante degrés de longitude est, une terre antarctique inconnue qu'il baptisera Terre Adélie, en hommage à son épouse Adèle. En novembre de la même année, l'*Astrolabe* et la *Zélée* rapportent à Toulon des collections d'une richesse prodigieuse. Il manque juste trente-huit hommes : treize déserteurs et vingt-cinq morts.

Le 31 décembre 1840, une ordonnance du roi élève le marin têtu et quinquagénaire au grade de contre-amiral. Son rêve de jeunesse est réalisé. Il peut enfin goûter au repos.

Le dimanche 8 mai 1842, c'est la fête du roi Louis-Philippe. Cela fait un an et demi que Dumont d'Urville savoure les joies de la vie à terre et en famille, soignant sa goutte et ses maux d'intestins. Jules, Adèle et leur fils de seize ans partent en famille admirer les grandes eaux de Versailles, en train. À l'issue de ce spectacle grandiose, des milliers de voyageurs se pressent aux abords de la gare. Les Dumont d'Urville parviennent à monter dans le train de dix-sept heures trente-trois. Vers six heures, la première des deux locomotives déraille à hauteur de Meudon, dans la tranchée de Bellevue, entraînant la seconde, puis les wagons qui s'encastrent les uns dans les autres et s'enflamment au contact du charbon incandescent des motrices. À l'époque, les agents des chemins de fer enferment les passagers dans leurs compartiments, de l'extérieur, pour éviter qu'ils ne chutent sur les voies : les malheureux voyageurs endimanchés meurent brûlés vifs. On a dénombré cinquante-neuf morts, au nombre desquels figurent les trois membres de la famille Dumont d'Urville.

Ainsi donc, le glorieux contre-amiral qui a fait trois fois le tour de la Terre trouve la mort dans un des premiers accidents ferroviaires de l'histoire, en banlieue de Paris.

La base Dumont-d'Urville est aujourd'hui un petit paradis polaire, qu'on atteint sans peine depuis le port de Hobart en Tasmanie, après cinq jours et demi de navigation dans des mers déchaînées à bord d'un ravitailleur baptisé l'*Astrolabe*.

Au cimetière du Montparnasse à Paris, près de la gare où le train fatal n'est jamais arrivé, se trouve le curieux monument phallique dédié à Dumont d'Urville. Les inscriptions dans la pierre évoquent ses lointains voyages, mais comportent de nombreuses approximations et erreurs. Le mémorial a été érigé à la va-vite. C'est sans doute le seul monument funéraire parisien orné de manchots. (O. Ch.)

Charles Camille Lenôtre (1842-1881)

La poisse

Une vie de misère et de déveine, tel fut le lot de Charles Camille Lenôtre, né le 6 août 1842 à Foug, dans la Meurthe. Modeste ferblantier, il se porte volontaire pendant l'invasion prussienne de 1870. Soldat au 204e bataillon de la garde nationale, il atteint le grade de capitaine le 8 mars 1871 et conserve ses galons sous la Commune, qui fait de lui le commissaire de police du quartier Sainte-Marguerite (XIe arrondissement). Lenôtre, qui se dit « sans religion », est un anticlérical patenté, qui perquisitionne trois couvents.

Fait prisonnier avec sa compagnie le 12 mai à Issy, il est condamné à mort le 1er juillet 1872, peine commuée le 18 novembre en travaux forcés à perpétuité. C'est le bagne : pas la simple relégation dans les campagnes de la Nouvelle-Calédonie, mais la vie de forçat, avec les condamnés de droit commun, sur l'île Nou qui se trouve en face de Nouméa. Lever à l'aube, travaux pénibles sous la conduite de surveillants militaires armés qui ont le pouvoir de brûler la cervelle de tout récalcitrant, et, le soir, promiscuité absolue dans de véritables cages où les bagnards sont abandonnés à la loi du plus fort. Régulièrement, chiourme et gardes-chiourme s'assemblent sur le « boulevard du Crime », pour assister à la bastonnade des punis et, quelquefois, à une exécution capitale.

Des années à ce régime auront raison de nombreux communards. Lenôtre tient bon. En 1876, il a l'espoir d'en sortir, car il prépare son évasion, avec une quinzaine d'autres. Les complices ont prévu de s'emparer d'une chaloupe à vapeur, le *Bulari*, pour filer vers l'Australie. Des vivres sont stockés en cachette, que le ferblantier met en conserve dans des touques de sa fabrication. La poisse continue : un cafouillage l'empêche de monter à bord du bateau, de toute façon intercepté le soir même par un navire de guerre…

Après cet échec, le régime se durcit, ses forces l'abandonnent peu à peu : il est proche de la mort quand, en métropole, les républicains reviennent au pouvoir.

Charles Camille Lenôtre, après neuf ans de détention, dont huit années de bagne, est amnistié le 8 mai 1880. Rester en Nouvelle-Calédonie ? Pas question de vivre sur la « terre sanglante », pas même le temps de refaire ses forces, il veut revoir la France, et le plus tôt sera le mieux. Embarqué sur le *Loire* le 19 février 1881, il meurt pendant la traversée d'une néphrite chronique, le 19 mai. Premier transporté de la Commune mort en liberté, cet éternel malchanceux n'aura pas eu le temps de goûter à sa nouvelle vie. (B. F.)

ALLAN PINKERTON (1819-1884)

Le détective sans langue de bois

Modèle universel du détective privé discret, omniprésent et efficace, Allan Pinkerton, devenu célèbre par l'agence qu'il fonda sous son nom, a traqué le criminel toute sa vie, moyennant finances. Présent sur tous les fronts des États-Unis en pleine expansion économique, de la sécurité ferroviaire au renseignement militaire, en passant par la lutte antisyndicale ou la protection des personnalités, ce fils d'émigrés écossais a dû l'envolée de sa carrière à la découverte d'un complot visant à assassiner le président Lincoln alors que celui-ci se rendait en visite officielle à Baltimore. Ce fait d'armes lui vaudra de se voir confier la direction des premiers services secrets américains pendant la guerre de Sécession.

Il sera aussi célèbre par son seul échec : avec Jesse James, il tombe sur un os. Engagé par le gouverneur du Missouri pour capturer le Robin de Bois du Far West, Pinkerton abandonnera la traque après une attaque ratée qui n'aura eu pour résultat que de blesser une vieille dame et de tuer un enfant de huit ans.

Luttant farouchement pour la défense des valeurs et de la moralité américaines en échange de beaux dollars en liasses, Pinkerton est réputé pour son mutisme et son laconisme : il sera puni par où il n'avait pas péché.

Au faîte de sa renommée policière, le pape des privés se rend à son bureau à pied, un jour de juin 1884. Mal remis d'une attaque cardiaque survenue quelques années auparavant, le limier amoindri a confié la direction de l'agence à ses fils et ne s'en occupe plus qu'épisodiquement. Ce matin-là, il a plu, et les trottoirs de Chicago sont mouillés. Diminution des réflexes, ou cuir de ses semelles un peu trop lisse car insuffisamment clouté ? Toujours est-il que le roi de la filature est victime du plus banal des incidents, souvent source de rire : il dérape et s'étale de tout son long. En dehors de quelques bleus et contusions, il se relève de sa chute sans grand dommage. Ah si. À mieux y regarder, la conséquence la plus fâcheuse est aussi ridicule que la cause : il s'est mordu la langue. Profondément. À cette époque où Pasteur est encore en train de lorgner dans ses bocaux de l'autre côté de l'Atlantique, cette blessure, considérée comme bénigne, mérite encore moins d'attention que toute autre plaie, puisque nettoyée naturellement par la salive. Mais un micro-organisme inopportun passait par là, la blessure s'infecte, et la gangrène s'installe. Trois semaines plus tard, Allan Pinkerton agonise ; il meurt le 1er juillet.

Léguée à ses deux fils, plus forts en investigation qu'en imagination patronymique, l'agence la plus célèbre du monde sera rebaptisée Pinkerton & Pinkerton. (B. L.)

Hubert Latham (1883-1912)

Le chasseur zéro

« Ma témérité n'est que de l'indifférence. Je sais que les médecins m'ont condamné ; je mourrai jeune. Mourir pour mourir, j'aime autant finir dans une chute d'aéroplane », crânait Latham. Selon la légende, une chiromancienne lui aurait prédit : « Non, vous mourrez dans un accident, mais pas en aéroplane. » Et elle eut raison.

Né à Paris le 10 janvier 1883, Hubert Latham est un riche fils de famille, rejeton d'une dynastie d'armateurs havrais. Avec son cousin Jacques Faure, futur général, il se passionne pour l'aéronautique et parvient à aller en ballon de France en Angleterre, reliant par cet exploit le pays de sa mère à la patrie de son père. À partir de 1909, les foules l'admirent aux commandes de son *Antoinette*, élégant biplan qu'il a appris seul à piloter et qu'il manœuvre en artiste, prenant des virages d'une audace vertigineuse. Âgé seulement de vingt-six ans, Latham reçoit le brevet de pilote n° 9 alors qu'il a déjà battu le record de durée, atteignant une heure sept minutes de vol continu. Il se lance à l'assaut de la Manche, une semaine avant Blériot, mais son moteur défaille à mi-parcours : repêché en mer, où il fume nonchalamment une cigarette sur la carcasse flottante de son *Antoinette*, il recommence quelques jours plus tard et plonge de nouveau, à quelques encablures seulement des côtes britanniques… À Reims, toujours en 1909, il bat les records de distance et d'altitude, puis atteint les mille mètres en 1910, pendant les manœuvres de Picardie.

Après avoir survolé la Seine et contourné la tour Eiffel, l'enfant prodige des ailes françaises s'accorde un peu de repos. Il part chasser en Afrique. Le 7 juin 1912,

près de Fort-Archambault au Tchad, il tire sur un buffle sauvage : meilleur pilote que tireur, Latham a simplement blessé l'animal, qui, fou furieux, le charge. Le dandy du ciel, rescapé de tant de pirouettes aériennes, meurt à terre à vingt-neuf ans, encorné et piétiné par un gros bovin inepte. (B. F.)

Augustin Trébuchon (1878-1918)

Mort pour cinq minutes

En ce début novembre 1918, l'Allemagne exsangue a demandé l'armistice. Cette guerre qui, en quatre ans, a fauché une bonne part de la jeunesse d'Europe est finie. Ou quasiment. La nouvelle s'est répandue très vite, des états-majors à la ligne, l'affaire est pliée, c'est juste une histoire de discutailleries, ceux qui sont encore coincés dans la boue des tranchées comprennent qu'ils ont une chance de s'en sortir vivants.

Le soldat de 1re classe Augustin Trébuchon est de ceux-là. À quarante ans, il a fait toute la guerre et s'en est tiré pas trop mal, sans blessure ni séquelle. Il est actuellement agent de liaison au 415e régiment d'infanterie, en position sur le bord de la Meuse, devant l'ennemi qui tient la rive d'en face.

Loin de là, dans son bureau, le général Foch, le grand gagnant, estime que les pourparlers traînent et donne l'ordre à ses subordonnés d'augmenter la pression sur les Germains aux abois. L'ordre descend dans les divisions concernées, et là-haut, sur les bords de la Meuse, le 9 novembre, un général dont le nom reste opportunément inconnu décide de l'interpréter à la lettre en ordonnant l'offensive du dernier carat : on va traverser en triomphe et pousser le Teuton à se jeter à genoux en suppliant d'arrêter les frais. Sans essayer de savoir combien ils sont en face, les soldats du 415e traversent le fleuve, de nuit, sur des passerelles du génie, et le matin du 10 novembre se lève sur sept cents hommes terrés dans la boue, le froid et la pluie.

Les Allemands, eux, sont toujours là et font ce qu'on fait dans ces cas-là depuis quatre ans : ils canardent. Canons et mitrailleuses arrosent les fantassins bloqués sur leur tête de pont, sans abri ni protection, pendant toute la journée. Le 10 novembre à vingt heures, on dénombrera une soixantaine de morts. La nuit calme le feu et quand arrive l'aube du 11, la nouvelle parcourt les trous de gadoue : l'armistice est conclu, le cessez-le-feu sera effectif à onze heures. Bonne nouvelle ! Mais en attendant, qu'est-ce qu'on fait ? Eh ben la guerre. Jusqu'à onze heures, on a dit. Partout sur le front, tout le monde fait profil bas en attendant le top, mais pas à cet endroit de la Meuse. D'ailleurs, les Allemands, très sourcilleux sur l'horaire, ont repris leurs tirs. Un commandant du 415e note imperturbablement dans son carnet : « dix heures quarante-cinq. Les obus tombent encore. » C'est alors qu'on recourt aux services de l'estafette Trébuchon : il doit porter un message à son capitaine. Qu'il se dépêche, parce que, dans dix minutes, il n'y aura plus besoin ni de message ni de capitaine, il n'y aura plus d'offensive ni même de front. Trébuchon s'élance. En face, un Allemand regarde sa montre : avant l'heure c'est pas l'heure, il appuie sur la détente, le Français tombe, une balle dans la tête. Il est dix heures cinquante-cinq, c'est le dernier mort de la Première Guerre mondiale sur le front occidental. « À dix heures cinquante-sept, la mitrailleuse allemande qui tirait encore se tait », note le commandant dans son carnet. Trois minutes plus tard, le clairon sonne le cessez-le-feu. La guerre est finie. Est-il besoin de le préciser, l'offensive du 415e n'a pas eu la moindre répercussion sur le cours des événements.

La stèle du 1re classe Trébuchon, comme toutes celles des soldats tombés ce jour-là, indique le 10 novembre comme date de décès. Ce mensonge officiel, décidé d'en haut pour masquer un peu le ridicule, n'a été dénoncé qu'en 2008. (B. L.)

Thomas Edward Lawrence dit Lawrence d'Arabie (1888-1935)

Privé de désert

Thomas Edward Lawrence, dit « Lawrence d'Arabie », est né à Tremadoc, dans le Caernarfonshire, région septentrionale du pays de Galles, le 16 août 1888. Fils illégitime d'un noble anglais et de sa gouvernante, il est le deuxième de leurs cinq enfants. Étudiant à Oxford, il se passionne pour l'histoire et l'archéologie, et découvre les châteaux médiévaux français pendant ses vacances. En 1909, un voyage d'études l'amène à visiter les forteresses franques de Syrie et du Liban. Ses études terminées, il retourne au Proche-Orient comme archéologue et entreprend des fouilles archéologiques tour à tour à Byblos au Liban, à Karkemish en Turquie, puis à Kafr Ammar en Égypte, où, sous couvert de fouilles, il est chargé de repérer les défenses ottomanes dans le Sinaï et alentour. C'est au cours de ces années passées au contact des populations arabes qu'il apprend leur langue, leurs coutumes et leurs usages. Lui-même n'hésitant pas à adopter leurs tenues traditionnelles, au grand dam de ses compatriotes.

Rentré en Angleterre peu avant la déclaration de guerre en 1914, il est renvoyé en Égypte où il intègre officiellement les services de renseignement britanniques. En 1916, il part pour le Hedjaz afin de rendre compte à sa hiérarchie de l'état de la révolte arabe contre les Ottomans. Une fois sur place, il parvient – non sans mal – à unifier les combattants sous le commandement de Fayçal Ibn Hussein, à coordonner les attaques du chemin de fer du Hedjaz et à harceler les arrières des troupes ottomanes, obligeant l'état-major turc à dégarnir le front égyptien pour maintenir sa domination sur la péninsule arabique.

Le 6 juillet 1917, il accomplit son plus grand exploit guerrier en s'emparant de la ville côtière d'Aqaba, que l'état-major anglais considérait comme imprenable… La campagne suivante est moins convaincante, et les échecs se succèdent. Mais le 1er octobre 1918, il prouve de nouveau ses talents d'organisateur en prenant la ville de Damas, quelques jours avant l'arrivée des troupes anglo-australiennes.

La fin de la guerre le rend à la vie civile, ce qui arrange la plupart des protagonistes, trop contents de se débarrasser de cet illuminé qui souhaite transformer le Moyen-Orient en grand royaume arabe indépendant. Un temps employé au Colonial Office par Winston Churchill, il abandonne la passionnante vie de bureau pour s'engager comme simple soldat dans la Royal Air Force et publie en 1922 son livre culte, *Les Sept Piliers de la sagesse*, dans lequel il raconte ses combats dans le désert et développe sa théorie sur la guerre de harcèlement. Rapidement reconnu par les journalistes – l'épopée de « Lawrence d'Arabie » a passionné l'Europe entière –, il est envoyé aux Indes pour des missions de reconnaissance, mais doit quitter l'armée en 1935.

Dépressif et retiré du monde, il s'adonne à la mécanique – sa dernière passion – en bricolant ses motos qu'il surnomme « George » et qu'il numérote selon leur ordre d'acquisition… Le 13 mai 1935, Thomas Edward Lawrence est au guidon de « George VII » lorsque, roulant à grande vitesse sur les routes du Dorset, il perd le contrôle de son véhicule en voulant éviter deux cyclistes. Après avoir échappé à la mort dans le désert, affronté les soldats turcs, les antagonistes arabes et libéré la moitié du Proche-Orient, « Lawrence d'Arabie » décède d'une sortie de route dans la campagne anglaise… *So british.* (D. A.)

José Sanjurjo (1872-1936)

Martyr de l'apparence

Voilà une vraie mort stupide qui a vraiment changé une facette de l'histoire. Transportons-nous en Espagne en 1936, quand de vilains militaires se sont mis secrètement d'accord pour renverser la République légalement établie, mais à la fois trop rouge et trop noire à leur goût. Le petit gros moustachu qui va diriger l'Espagne d'une main de fer pendant trente-six ans n'est alors qu'un général subalterne qui a rejoint tardivement la conspiration, personne ne pense à lui pour diriger le soulèvement militaire, son importance le place au cinquième ou sixième rang des conjurés. On peut penser que Franco devra jouer des coudes pour arriver au sommet ; en fait, il n'aura rien à faire. Pour l'instant, le vrai chef s'appelle Mola. Planificateur du complot, c'est lui qui désigne celui qui prendra le pouvoir au nom de l'armée : le général Sanjurjo. En dehors de porter un nom à peu près imprononçable pour un gosier français, ce général factieux a déjà été condamné à mort pour diverses tentatives de coup d'État. Sanjurjo a sauvé sa tête et s'est exilé à Estoril, au Portugal. C'est là qu'il a donné son accord au général Mola pour prendre la tête du mouvement et du nouveau gouvernement qui en sortira.

Ce 20 juillet 1936, alors que le coup d'État a commencé depuis trois jours et que les armes des militaires rebelles retentissent dans toutes les grandes villes avec des fortunes diverses, un avion doit ramener Sanjurjo en Espagne où le mouvement n'attend que lui. Le pilote qui doit l'emmener, membre de la conspiration, est un as de l'aviation espagnole, mais son avion est un petit biplan qui n'a que deux places et pas d'espace pour les bagages. Or, le futur chef d'État, plutôt corpulent, arrive sur le tarmac de Lisbonne avec une impressionnante malle qui fait ouvrir de grands yeux au pilote. Lequel objecte aussitôt en énumérant les capacités de l'avion, la quantité d'essence qu'il doit transporter pour arriver à bon port, la faible longueur de la piste, bref des arguties d'aviateur. Mais l'imminent caudillo lui répond qu'il ne peut décemment prendre le pouvoir sans ses uniformes des grandes occasions et qu'il doit lui rappeler qu'un ordre est un ordre, on ne part pas écraser la République pour commencer à discutailler. Le pilote se met au garde-à-vous. Tant bien que mal, on entasse les bagages dans le fragile biplan, le moteur rugit, et l'avion prend de la vitesse : lentement, péniblement, il s'élève à l'extrême fin de la piste, une de ses roues percute la cime des arbres, il n'ira pas plus haut, la gravité n'est pas soumise au règlement militaire. Il redescend, se crashe dans un champ et percute un rocher. Le pilote s'en sort vivant – c'est grâce à ses mémoires qu'on connaît les détails de l'anecdote –, mais le général Sanjurjo est mort sur le coup. Pour une malle d'uniformes, la conspiration perd son chef. Par une malédiction diabolique, un an plus tard, c'est le général Mola qui meurt à son tour dans un accident d'avion, sans qu'on puisse incriminer les valises ; les deux généraux qui auraient dû prendre sa suite à la tête du mouvement, Fanjul et Goded, ont été discrédités par leurs échecs respectifs à Barcelone et à Madrid : Franco n'a plus aucun rival. (B. L.)

Buenaventura Durruti (1896-1936)

Ni dieu, ni maître, ni cran de sûreté

Tué pendant la bataille de Madrid en 1936, le légendaire chef anarchiste espagnol Buenaventura Durruti a pendant longtemps eu deux morts : pour les militants républicains, il a été touché par un tireur d'élite nationaliste alors qu'il allait rejoindre les éléments de sa colonne sur le front ; pour les franquistes (et certains anarchistes), il a été abattu à bout portant par ses faux frères communistes dans leur lutte pour l'hégémonie stalinienne, profitant lâchement de la confusion du combat.

Ces deux versions contradictoires, alors que Durruti a été tué au milieu de nombreux témoins, apparaissent comme le symptôme d'une certaine gêne. Dans le chaos grandissant de la résistance républicaine, le chef de la colonne qui porte son nom faisait figure de chevalier de l'espoir auprès de ses hommes et au-delà, dans le camp républicain. Les communistes, zélateurs de la discipline et des fournitures de Moscou, le regardaient d'un œil de plus en plus noir, alors que le camp d'en face, lui, redoutait la ferveur des troupes que sa seule présence galvanisait. Après sa mort, Durruti acquit le statut d'icône de la lutte antifasciste, ce qui explique ladite gêne à accepter une troisième version, moins brillante.

Voyons les faits : cet après-midi du 19 novembre 1936, le chef anarchiste part en voiture accompagné de plusieurs miliciens, aides de camp et gardes du corps. Pour rejoindre ses hommes en train d'attaquer un hôpital tenu par l'ennemi, il descend un large boulevard arrosé par les tirs adverses, l'avenue de la reine Victoria (qui s'appelait alors avenue Pablo-Iglesias). La voiture s'arrête à un endroit protégé, Durruti en descend pour parler à un groupe de miliciens en retraite, une balle l'atteint quand il veut remonter dans le véhicule. Le blessé est amené à l'hôpital de fortune installé dans l'hôtel *Ritz*, où il tombe dans le coma et meurt le lendemain.

Ce n'est que bien des années après qu'une explication embarrassée émergera peu à peu, à la faveur des silences, des confirmations à demi-mot. Dans un premier temps, on entend dire que la balle, vraisemblablement tirée à faible distance – ce qui accréditait l'hypothèse d'une trahison –, était peut-être partie de manière intempestive. Alors on découvre que des miliciens qui l'accompagnaient étaient armés du fusil-mitrailleur d'assaut Schmeisser MP34, réputé pour la sensibilité extrême de son mécanisme. Il était d'ailleurs vivement conseillé de ne jamais le transporter en voiture sans enclencher le cran de sûreté. Il s'avéra donc que, dans la proximité du combat, un des gardes du corps avait oublié cette élémentaire précaution et que son arme était partie involontairement alors que tous regagnaient le véhicule. Vérité douloureuse à admettre, Durruti n'avait pas péri d'une mort héroïque, mais d'un accident stupide. (B. L.)

Ödön von Horváth (1901-1938)

Mort aux Champs d'honneur

Dramaturge et romancier né à Fiume (à l'époque ville austro-hongroise), mais de langue allemande, Ödön von Horváth entame des études littéraires à l'université de Munich en 1919 et commence à écrire ses premiers textes qui, pour la plupart, évoquent l'ascension du national-socialisme. Adversaire résolu des nazis, il fait le coup de poing contre eux en 1929, à Munich, au cours d'une réunion électorale. Selon ses biographes, Ödön von Horváth aurait même, au cours de cette rixe, giflé Adolf Hitler !

En 1930, sa carrière littéraire est lancée. Son premier roman, *L'Éternel Petit-Bourgeois*, obtient un succès critique et, en 1931, ses premières pièces triomphent devant le public berlinois. Avec l'arrivée des nazis au pouvoir, tout change. Qualifié « d'auteur dégénéré », il voit ses livres brûlés en place publique, et ses pièces ne sont plus jouées dans les théâtres allemands. Réfugié en Autriche en 1936, Ödön von Horváth quitte le pays peu avant l'Anschluß. Après la Hongrie, l'Italie, la Suisse et la Hollande, il trouve refuge à Paris le 26 mai 1938.

Le 1er juin 1938, alors qu'Ödön von Horváth se promène tranquillement sur les Champs-Élysées, une tempête se lève soudainement, déracinant brutalement un marronnier : l'homme qui a giflé Hitler périt écrasé sous un arbre ! (D. A.)

Pierre Georges dit le colonel Fabien (1919-1944)

Une réputation minée

Pour un héros de la Résistance, être tué dans les derniers jours de décembre 1944 est déjà bien dommage ; plus regrettable encore est de mourir non les armes à la main, mais en manipulant un engin explosif dans son bureau… Telle fut la triste fin de Pierre Georges, plus connu sous son nom de guerre de colonel Fabien.

Fils d'un ouvrier boulanger communiste qui sera fusillé par les Allemands, Pierre Georges a grandi dans l'atmosphère bolchevisante de la banlieue rouge : membre à neuf ans des « Pionniers » de Villeneuve-Saint-Georges, il adhère dès ses quatorze ans aux Jeunesses communistes et subit sa première condamnation à seize ans pour avoir peint des slogans révolutionnaires sur les murs. D'abord apprenti boulanger, puis poseur de rivets et ajusteur, il part pour l'Espagne en 1936 afin de s'engager dans les Brigades internationales : il reçoit alors une véritable formation militaire qu'après son retour en France il mettra de nouveau en œuvre sous l'Occupation.

Le 21 août 1941, au métro Barbès, Pierre Georges tue un aspirant de la Kriegsmarine, acte qui sonne le passage des communistes à l'action violente contre l'occupant, au moment où Hitler envahit l'URSS. Réfugié en Franche-Comté, le « colonel Fabien » continue le combat dans la clandestinité, sous la soutane et l'identité de l'abbé Grandjean. Arrêté, évadé, il organise différents maquis dans l'est et le nord de la France, avant de prendre part aux combats de la libération de Paris. Rassemblant cinq cents hommes résolus à pourchasser les nazis jusqu'en Allemagne, il prend la tête de la « colonne Fabien », qui devient un régiment rattaché à la division Patton pendant la campagne d'Alsace de l'hiver 1944.

À vingt-six ans, Fabien pourrait bientôt être promu général ; et, la paix revenue, accéder au rang de député, ministre, membre du Comité central… Il faut juste achever d'écraser les résidus de la Wehrmacht qui tiennent encore la région de Mulhouse. Pour ce faire, le colonel Fabien compte bien utiliser tous les moyens à sa disposition. Les Américains lui refusent des explosifs ? Pas grave, sa colonne a trouvé trois grosses mines allemandes inutilisées, qu'on va retourner contre leurs propriétaires.

Il s'agit de mines RMI-43 ou *Riegelmine,* ce qui signifie « mines à verrous » : de lourds engins construits en bois pour qu'ils ne soient pas détectables par des moyens magnétiques, d'une soixantaine de centimètres de long sur sept à huit de côté, pesant plus de cinq kilos.

Elles sont dotées d'un couvercle verrouillé abritant plusieurs dispositifs de mise à feu. Fabien est casse-cou et volontiers farceur ; un jour, il a fait rissoler des pains de plastic sur un poêle, pour prouver à l'un de ses officiers que ce matériau n'explose pas sans détonateur ; de même, il bringuebale dans sa Jeep les trois mines en riant, sachant qu'elles ne peuvent se déclencher que si elles sont armées. Ses compagnons de route ont quelques sueurs froides, mais contrairement à ce qui a parfois été dit, ce n'est pas lors du transport que l'affaire vire au tragique. Les mines sont stockées à Habsheim, commune dont la mairie sert de poste de commandement au colonel Fabien.

Le soir du 27 décembre, après un dîner vite expédié, il veut étudier de plus près ces intéressantes prises de guerre et demande qu'on porte une des trois mines dans son bureau, pour une séance de démontage. Il passe dans la pièce voisine et, faute de tournevis, emprunte le tisonnier. Quelques instants plus tard, une explosion retentit, détruisant la moitié de la mairie : le colonel Fabien est mort, ainsi que sa secrétaire, le lieutenant-colonel Dax et le capitaine Lebon, présents avec lui dans le bureau fatal. La déflagration a fait en outre neuf blessés, dont deux mourront des suites de leurs blessures.

Le 3 janvier 1945, un impressionnant hommage funèbre a lieu à Paris : cérémonie militaire au Val-de-Grâce, arrivée des fourgons chargés de couronnes devant l'Hôtel de Ville drapé de tricolore, discours du ministre de l'Air, Charles Tillon, et marche funèbre devant les catafalques, nouveau cortège suivi d'innombrables délégations jusqu'au cimetière du Père-Lachaise… Toute cette pompe, pourtant, ne suffit pas à dissiper le malaise : le caractère bêtement accidentel du décès n'est guère acceptable pour les communistes, qui exaltent la geste héroïque des combattants de l'ombre. La mort du colonel Fabien ne peut pas, ne doit pas résulter du hasard ni d'une maladresse…

« Y avait-il des gens, chez nous ou à l'étranger, pour qui l'idée d'un général communiste dans l'armée régulière de la France libérée était insupportable ? », écrit son compagnon d'armes Pierre Durand, en conclusion de son livre *Qui a tué Fabien ?* Publié en 1985 par les éditions Messidor, proches du PCF, cet ouvrage suggère le complot, suppose que la mine a été armée en cachette, relève des désertions de personnages suspects juste avant l'explosion, mais en réalité ne prouve rien. Complot ou non, du reste, l'héroïque colonel Fabien est bien mort le 27 décembre 1944 en manipulant une mine allemande dans son bureau, date et cause l'une et l'autre stupides. Il est enterré au Père-Lachaise, près du mur des Fédérés. (B. F.)

George Patton (1885-1945)

Le général casse-cou

Après avoir mené un combat acharné contre les Allemands sur tous les fronts d'Occident, après avoir conduit au galop sa 3e armée de Normandie jusqu'en Bavière, après avoir dix fois échappé à la mort au cours des deux guerres mondiales, sous les bombardements et la mitraille, le général Patton, héros de la victoire, figure légendaire de l'US Army, idole galonnée de ses hommes, reître des temps modernes, mourut d'un insignifiant refus de priorité à un carrefour du pays vaincu. Un accident de voiture si anodin que, à y regarder de plus près, on peut même parler d'accident dans l'accident.

Car lorsque la Cadillac du général, en route pour une chasse au faisan dans la région de Mannheim ce 9 décembre 1945, percute de front un camion militaire à une intersection non surveillée, le choc n'a pas été si considérable : les deux véhicules n'allaient pas vite, ce n'est que de la tôle froissée. D'ailleurs, au premier abord, il n'y a même pas de blessé. Le chauffeur du camion est indemne, le chauffeur du général ainsi que son chef d'état-major, assis à côté, sont sains et saufs, il ne peut en être autrement pour l'héroïque passager, encore mieux protégé à l'arrière de la volumineuse voiture. Mais là, il y a un problème : le général gît sur le tapis de sol, il est conscient mais ne se relève pas. En fait, le choc l'a projeté vers l'avant comme les autres passagers, mais sa tête a frappé de biais la barre métallique qui sépare la banquette avant de l'habitacle arrière. La torsion des vertèbres cervicales a entraîné une lésion de la moelle épinière : Patton constate qu'il est totalement paralysé en dessous du cou. Il meurt douze jours plus tard, à l'hôpital d'Heidelberg, d'une embolie pulmonaire.

Si les honneurs de l'armée et de la nation lui furent dûment rendus, ses chefs redoublèrent d'efforts pour dissimuler leur soulagement : le héros au chômage était devenu encombrant, à tel point que d'aucuns évoquèrent même un complot.

Car, pour le chevalier indomptable de l'Amérique éternelle, la guerre ne s'est pas arrêtée avec la victoire : le véritable ennemi, ce ne sont plus les nazis, mais ces pourritures de vermines rouges que seule une conjuration des intellectuels gauchistes et efféminés qui entourent Eisenhower l'empêche de poursuivre à coups de pied et de bombes atomiques au cul jusqu'à Moscou. D'ailleurs, dans le secteur de l'Allemagne occupée dont il était responsable, Patton avait pris toutes les dispositions pour continuer la guerre sur sa lancée, vers l'Oural. Prêt à tout pour provoquer un *casus belli* avec les Soviétiques, il avait décidé dans cette perspective que les nazis n'étaient pas si méchants et constituaient de précieux auxiliaires dans la lutte imminente contre le communisme et ses alliés juifs : il avait simplement refusé de désarmer les unités de la Wehrmacht et des SS que la capitulation avait surprises intactes dans son secteur. Un simple accident de voiture permit peut-être à la nouvelle guerre mondiale qui s'annonçait de rester froide. (B. L.)

Guillaume Seznec (1878-1954)

L'innocent malchanceux

Comme histoire à tiroirs et à emberlificotages infinis, l'affaire Seznec détient une espèce de record. Guillaume Seznec, icône de l'erreur judiciaire, dont l'innocence est clamée depuis quatre-vingt-dix ans par lui-même de son vivant, puis par sa famille, sa région, la Bretagne presque entière et tous les contempteurs d'injustice, professionnels ou amateurs, dans d'innombrables pétitions et ouvrages, a été condamné au bagne au terme d'un procès dont la demande de révision a été quatorze fois rejetée par les cours concernées, la dernière fois en 2006.

Accusé du meurtre d'un conseiller général dont on n'a jamais retrouvé le corps, au terme d'une enquête bâclée mais dont les éléments à charge restent lourds, Guillaume Seznec a échappé à la peine de mort. Il a néanmoins passé dix-neuf années dans le terrible bagne des îles du Salut, avant d'être libéré pour remise de peine. Rentré en France, tout juste entreprend-il de faire reconnaître son innocence qu'il est confronté à des événements funestes auxquels il ne s'attendait pas.

Il aura en effet le vertigineux privilège, trois ans après sa libération, de retourner aux assises, mais dans le public cette fois, pour défendre l'innocence de sa fille accusée de meurtre, cette même fille qui, vingt-cinq années auparavant, avait assisté à un procès identique pour y défendre symétriquement l'innocence de son père. C'est que l'ex-bagnard a hérité d'un beau-fils un peu spécial, du genre de ceux qui rendent le monde fatigant et la vie encore plus compliquée qu'elle peut l'être. Mythomane, vénal, traficoteur, violent, avide d'argent et de notoriété, François Le Her avait d'abord été célèbre comme principal témoin à décharge lors du procès Seznec. C'est là qu'entre deux interviews il commence à tromper sa femme avec la fille de l'accusé, Jeanne. Mais la conjointe meurt très opportunément – dans toutes les relations de l'affaire, le mot « suicide » est écrit entre guillemets – et François Le Her épouse Jeanne Seznec avec l'intention annoncée de former un couple commando pour défendre le beau-papa. De fait, le gendre transforme vite le combat en une affaire rentable, monnaie ses confidences, organise des tournées de conférences payantes ; et quand le héros revient de l'enfer, Le Her tente de se proclamer son agent exclusif et de tirer de l'aïeul le petit pécule que celui-ci s'est constitué durant sa détention. Évidemment, les choses se gâtent vite avec l'innocent grincheux et rétif, de même que l'ambiance se dégrade entre les deux époux. À tel point qu'un jour Jeanne, lasse d'être battue et harcelée, abat son mari de trois coups de pistolet.

Au procès, les affaires Seznec se transforment en festival, à la grande joie des journalistes pour qui l'ex-bagnard est pain bénit : c'est que la fille du premier mariage de la victime a épousé l'aîné des enfants Seznec, frère de la meurtrière, prénommé Guillaume comme son père, et pour défendre la mémoire du sien, de père, elle accable celle qui est à la fois sa belle-mère et sa belle-sœur. Pour diminuer leur consommation d'aspirine, les jurés préfèrent acquitter Seznec fille.

On comprend que, dans les années qui suivirent, l'ex-bagnard ait eu un peu la tête ailleurs. C'est ainsi qu'en traversant le boulevard Saint-Marcel à l'angle de l'avenue des Gobelins, ce 15 novembre 1953, Seznec ne voit pas la camionnette qui lui fonce dessus. Il est renversé, le véhicule prend la fuite. Retrouvé quelques jours plus tard, le chauffeur jure ne s'être aperçu de rien. Seznec n'est pas tout à fait mort, mais gravement commotionné, il mourra trois mois plus tard, non sans avoir provoqué une dernière péripétie en grommelant dans son délire une phrase que les journalistes prennent pour un aveu et la localisation du corps de sa victime. On a du mal à imaginer que, pendant qu'il agonisait, protagonistes de l'affaire, avocats, journalistes, magistrats et policiers creusaient à l'endroit supposé. En vain. (B. L.)

Comme Stanislas :
Julien Carette (1897-1966)

Après avoir effectué divers petits métiers dans sa jeunesse, Julien Carette se dirige vers le théâtre et obtient son premier rôle comme figurant à l'Odéon. Dès lors, une carrière s'ouvre à lui dans les années 1930, mais c'est au cinéma qu'il va percer, d'abord par des petits rôles dans les derniers films du cinéma muet, puis dans le cinéma parlant, où son accent de titi parigot – il était né aux Batignolles – le rend célèbre du jour au lendemain.

Sa longue carrière cinématographique – plus de cent films – reste l'une des plus prestigieuses du cinéma français. Julien Carette a tourné sous la direction de Marc Allégret, des frères Prévert et de Jean Renoir qui lui offrira de grands rôles notamment dans *La Grande Illusion*, *La Bête humaine* et *La Règle du jeu*.
La guerre n'interrompt pas sa carrière : il tourne sous la direction de son ami Claude Autant-Lara. On le retrouve ensuite dans des succès populaires, notamment aux côtés de Fernandel dans *L'Auberge rouge* et de Bourvil dans *La Jument verte*, pour ne citer que les principaux.
Au début des années 1960, Julien Carette se retire du cinéma à cause d'une arthrose qui le rend impotent. Le 20 juillet 1966, alors qu'il regarde la télévision dans son fauteuil qu'il ne quitte plus, le vieux comédien allume une cigarette et s'assoupit. La cigarette glisse sur sa robe de chambre qui prend feu, détruisant tout son appartement, et le brûle grièvement. Transporté en urgence à l'hôpital de Saint-Germain-en-Laye, il décède des suites de ses brûlures sans avoir repris connaissance. Georges Perec immortalisera ce décès pour le moins original dans *Je me souviens* : « Je me souviens que Carette est mort parce qu'il portait une chemise de Nylon et qu'il s'était endormi avec une cigarette. » Fumer tue… (D. A.)

....

IX

Trop snob

Être tué par une tortue, un baquet, un verre d'eau, un singe domestique, une mouche ou une guitare n'est pas donné à tout le monde : il y a toujours des singuliers pour faire leur intéressants, des inclassables qui échappent à toute volonté de taxinomie… Ces excentriques du trépas constituent en quelque sorte l'aristocratie de la mort stupide : chapeau bas devant ces corbillards qui semblent des chars de carnaval !

ESCHYLE (v. 525-456 av. J.-C.)

Ouvre-boîte malgré lui

Par une faveur du hasard, une des plus anciennes morts stupides de l'histoire peut aussi prétendre à une des plus hautes places sur le podium de l'absurde funèbre, tant ses circonstances relèvent d'une conjecture improbable. Seconde particularité, et non la moindre, si la vie du tragédien athénien Eschyle est incomplètement connue, parsemée de zones d'ombre et d'épisodes confus, sa mort, même si sa date en reste incertaine, a été détaillée en long et en large dans la plupart des tentatives de biographie de l'auteur des *Perses*.

En voici la version la plus commune : invité par le roi de Syracuse, Hiéron, Eschyle se rend en Sicile en 456 av. J.-C. Il se promène un jour aux alentours de la ville de Gela, s'assoit pour contempler le paysage lorsqu'un rapace vole au-dessus de lui, cherchant un endroit approprié pour y lâcher de très haut sa proie : une tortue, dont il faut briser la carapace pour se repaître du contenu. De son œil perçant, l'oiseau repère alors un magnifique rocher rond et clair : il lâche le reptile avec une grande précision, lequel vient s'éclater sur le crâne chauve du tragédien, qui meurt sur le coup.

La plus belle des variantes vient de Pline l'Ancien, qui raconte dans son *Histoire naturelle* (X, 3, 2) qu'un oracle avait fait à Eschyle, peu de temps auparavant, une sombre prédiction : il lui avait assuré qu'il mourrait de la chute d'une maison. Notons qu'Eschyle se trouvait alors dans les environs de l'Etna, dont les caprices telluriques étaient largement connus du monde antique, et que l'effondrement inopiné d'une bâtisse à la suite d'une secousse volcanique n'avait rien d'invraisemblable. C'est donc pour échapper à ce funeste sort que le poète passait le plus clair de sa vie dehors, se rendant ainsi d'autant plus facilement repérable par un rapace. Et sa proie particulière rendit conforme la prédiction de l'oracle.

Confrontée à la science, l'anecdote n'est pas non plus complètement dénuée de vraisemblance. Il existe un rapace alors commun en Sicile, le gypaète barbu, dont le mode d'alimentation très connu des ornithologistes consiste à prélever sur les cadavres d'animaux les os creux, crâne, fémur, etc., et à les briser en les projetant de haut sur un rocher, afin d'en manger le contenu.

Alors, l'histoire est-elle vraie ? Des générations de tragédiens, de gypaètes et de tortues attendent la réponse à cette question. Une chose est sûre : dans les biographies les plus sérieuses, si le lieu est retenu, si la date reste approximative à deux ans près, l'histoire est *toujours* donnée comme une légende. Une autre chose est sûre : depuis Pline l'Ancien, elle a régulièrement été rapportée, des recueils factuels de Valerius Maximus, au Iᵉʳ siècle, au lexique de Suidas, au Xᵉ siècle, ce qui n'en fait pas une légende urbaine ou rurale pour autant, mais témoigne au moins du fait que l'anecdote plaît à tous les auditoires. Heureusement pour les chauves, l'aire de répartition des gypaètes s'est considérablement restreinte. (B. L.)

XÉNOCRATE (V. 396-V. 314 AV. J.-C.)

Du Banquet au baquet

Selon Diogène Laërce, dont la *Vie des philosophes illustres* fourmille de biographies invérifiables, Xénocrate était « fils d'Agathénor, originaire de Chalcédoine », ce qui classe son homme.

Venu s'instruire à Athènes, il compte parmi les disciples de Platon, dont il semble d'ailleurs le cancre. « Il avait l'esprit si lent que Platon le comparant à Aristote disait : "Pour l'un, j'ai besoin d'un frein, et pour l'autre d'un éperon." »

Peu agile de ses méninges, Xénocrate découvre les vertus d'une extrême gravité, attitude qui procure au plus borné tous les dehors de l'intelligence. Homme austère, au visage sévère, il se fait une réputation de philosophe incorruptible, sobre et détaché, au point que la courtisane Phryné, qu'on place un soir dans sa couche où elle épuisera toutes les ressources de son art, se plaindra de ne rien pouvoir tirer d'une pareille statue.

Patient et laborieux, Xénocrate va succéder à son maître et à Speusippe, pour diriger l'Académie pendant vingt-cinq ans, inaugurant le processus selon lequel c'est aux plus médiocres enseignants qu'est confiée la direction des établissements universitaires. Tout cela se passait il y a fort longtemps, « sous l'archontat de Lysimaque » : pour les ignares, vers l'an 339 av. J.-C.

Ces fonctions conservent, et l'impassible Xénocrate atteint la seconde année de la cent dixième olympiade : pour les mêmes, l'an 314 av. J.-C. Âgé de plus de quatre-vingts ans, le philosophe en chef se lève une nuit et, tâtonnant, tombe dans un baquet. Ce que Diogène Laërce exprime par cette épitaphe en vers :

> Tombant dans un bassin de bronze, il se heurta
> Le front, poussa un grand cri et mourut,
> Xénocrate, l'homme universel !

Parmi ses œuvres nombreuses, un *Traité de la mort* lui est attribué. (B. F.)

Chrysippe (v. 280-v. 207 av. J.-C.)

Ricânement

Né à Soles, ville de Cilicie où on parlait si mal le grec qu'elle a donné le mot de « solécisme », Chrysippe vient se frotter de belle culture attique en s'établissant à Athènes, où il devient disciple du philosophe stoïcien Cléanthe.

Cet enseignement ne fait pas vraiment de lui un rigolo, d'autant qu'à une pensée rigoriste qui pourfend le matérialisme joyeux d'Épicure Chrysippe allie une vanité sans bornes. « Enseignez-moi seulement les dogmes, je trouverai moi-même les démonstrations », dit-il un jour à son maître. Pressé de s'établir à son compte, il se fait connaître comme rhéteur par des finesses dialectiques de cet acabit : « Ce que tu dis passe par ta bouche ; tu dis le mot *charrette,* donc une charrette passe par ta bouche. » Ou encore : « Ce qui est à Mégare n'est point à Athènes ; il y a des hommes à Mégare, donc il n'y en a point à Athènes. » Et son sommet de spéculation abstraite, son grand succès : « Vous avez ce que vous n'avez pas perdu ; vous n'avez pas perdu des cornes, donc vous avez des cornes. »

Ces syllogismes truqués sont à peu près toute son œuvre car, si Chrysippe a publié de nombreux ouvrages, dont Diogène Laërce nous a transmis la liste, ces derniers sont perdus, et ce n'est pas plus mal : l'essentiel en était copié sur les vrais penseurs de son temps !

Né trop tôt pour parader à Saint-Germain-des-Prés, cet imposteur prétentieux et sentencieux serait tombé dans un oubli profond sans les circonstances quelque peu farfelues de sa mort. Invité par ses disciples à un banquet de sacrifice, il voit un âne qui mange des figues disposées pour les convives sur un plateau d'argent. « Qu'on lui donne à boire ! », lance Chrysippe à la cantonade, et, ravi de ce bon mot, part dans un fou rire interminable, si violemment irrépressible qu'il en râle, suffoque et, finalement, expire.

Il est permis de penser que, dans un sursaut d'honnêteté intellectuelle, Chrysippe dut trouver hilarant qu'un âne véritable se soit joint au groupe d'individus assez bêtes pour suivre l'enseignement d'un philosophe aussi frelaté que lui ; son stoïcisme et toutes les ressources de la dialectique ne pouvaient rien contre ce saisissant raccourci, dont la seule issue fut un rire destructeur et fatal. (B. F.)

Bertrand Du Guesclin (v. 1320-1380)

La soif de conquêtes

Enfant rude et malgracieux, Bertrand Du Guesclin cause l'effroi de ses géniteurs en naissant en 1320 au manoir de la Motte-Broons, non loin de Dinan. On refuse la carrière des armes à ce guerrier, qui se cache en forêt de Brocéliande, où il devient chef de bande. La peste s'abat, on exécute les mendiants et les juifs, convaincus d'empoisonner sources et fontaines. Les guerres de succession agitent la Bretagne, Du Guesclin refuse de voir le duché offert en pâture aux soudards anglais. Il participe en 1357 à la défense de Rennes assiégé par le duc de Lancastre. Il vole au secours de la France et de Charles V à la bataille de Cocherel, qu'il remporte en 1361. Conquérant, il se couvre de gloire en Castille, aux côtés d'Henri de Trastamare, qui dispute le trône à Henri le Cruel.

Revenu en France en 1370, il est fait connétable et repousse les Anglais de chacune des provinces du royaume, lors d'embuscades qui feront sa gloire posthume. Poursuivant ses campagnes contre les Grandes Compagnies, au cours de l'été 1380 il défend Châteauneuf-de-Randon. Il fait très chaud ce 6 juillet et, selon une tradition bien établie en Gévaudan, le connétable boit de l'eau froide – semble-t-il un peu trop – à la fontaine de Gloze, sous le village d'Albuges. Le chevalier téméraire s'inflige alors une pneumonie ou une dysenterie. Il s'alite aussitôt, son état s'aggrave. Le 9, Du Guesclin se confesse et mande un notaire pour lui dicter son testament. Brave, il mène son dernier combat contre la mort et le 13 connaît son trépas. Tous pleurent, Anglais compris.

Le retour de la dépouille mortelle est organisé. Il faut faire vite : la chaleur accélère la décomposition.

Au Puy-en-Velay, on embaume le corps gâté. Les entrailles sont remplacées par des aromates et ensevelies en l'église des Frères prêcheurs. Le 18 juillet, le cadavre parvient à Montferrand, dans un état de corruption très avancé. « Le corps de monseigneur Bertrand fut bouilli en l'eau, et fut ôtée toute la chair et les os, et fut coulé dans le corps de la glaise. » Les restes du défunt sont alors séparés, le cœur fait route vers l'église des Jacobins de Dinan. Charles V entend que les os de son bien-aimé connétable soient inhumés aux côtés de la reine Jeanne de Bourbon, dans la chapelle Saint-Jean-Baptiste de la basilique de Saint-Denis, qu'il s'apprête à rejoindre, lui aussi. (F. Ch.)

Fernão de Magalhães dit Magellan (v. 1480-1521)

Une parade de trop

Fernão de Magalhães, Maghellanes et Magellanus sont un seul et même illustre personnage qu'on nommera par commodité : Magellan. Cet homme fait profession, pour le compte du roi de Portugal et de Dieu Lui-même, d'aller chercher au-delà des mers lointaines épices et nouveaux territoires.

En 1518, Magellan se met au service de Charles Quint, roi d'Espagne, qu'il convainc de la possibilité et de la nécessité de trouver le passage entre les océans Atlantique et Indien. D'effectuer le tour du monde, en d'autres termes. On arme cinq navires dans le but de réaliser cette promenade – le *Trinidad* commandé par Magellan lui-même, le *San Antonio*, le *Concepción*, le *Victoria* et le *Santiago* –, on y enrôle une cohorte de rastaquouères prêts à se lancer dans l'inconnu le plus total, et la flotte ainsi constituée quitte l'Espagne le 20 septembre 1519, chargée de vivres pour deux ans. La baie de Rio est atteinte en à peine trois mois, l'expédition démarre sous les meilleurs auspices. Ensuite, tout se gâte. On n'imagine pas à quel point l'Amérique s'étend vers les latitudes australes et combien il est malaisé de trouver ce foutu passage vers l'ouest.

Ce n'est que le 1er novembre 1520 que le *San Antonio* et le *Concepción* trouvent enfin la route vers l'autre océan, passage formidable au sud des Amériques, réseau inextricable de fjords et d'îlots, et qu'on baptisera « détroit de Magellan ».

Nos héros marins n'ont pas la moindre idée de l'étendue océanique sur laquelle ils s'engagent, mais y pénétrer enfin fait pleurer de bonheur l'inébranlable Magellan. Une joie bientôt anéantie par le constat que le *San Antonio* et le *Concepción* ont déserté l'expédition. C'est une flotte réduite à trois bâtiments qui devra poursuivre l'aventure, laquelle prend rapidement un tour des plus funestes.

Le *Trinidad*, le *Victoria* et le *Santiago* sont interminablement encalminés. C'est pourquoi ce nouvel océan est qualifié de Pacifique. L'eau, de plus en plus croupie et puante, vient à manquer. Les biscuits de mer sont mêlés d'excréments de rats et grouillent d'asticots. On en est réduit à manger les rongeurs et le cuir qui maintient la grande vergue. Les matelots tombent comme des mouches. Aperçoivent-ils des terres qu'elles se révèlent impropres à fournir le moindre gobelet d'eau fraîche et reçoivent le nom d'îles du Malheur.

La cauchemardesque errance dure plus de trois mois, quand enfin une terre apparemment hospitalière est signalée, dont les indigènes, venus à bord en pirogues, pillent les navires de Magellan en rigolant. Après une petite expédition punitive de routine, la paix est conclue. Ce qui reste des équipages se retape doucement. Les marins de tous grades apprennent à vivre en bonne intelligence avec les indigènes, convertis à la pelle. Puis on repart à la conquête de ce qui ne s'appelle pas encore les Philippines. À quelques jours de mer de là, on mouille devant la petite île de Massawa, où l'accueil est cordial et généreux. C'est le temps de la liesse et de la ripaille pour les équipages si longtemps privés de tout. Semaine sainte ou pas, on s'empiffre de mets délicieux et gras. Par-dessus le marché, le souverain local, nommé Calambou, s'offre de venir en aide à Magellan comme pilote et ambassadeur dans l'exploration de l'archipel. On met donc à la voile en direction de Cebu, où le roi Humabon se montre nettement moins chaleureux que Calambou : il exige de Magellan une lourde taxe pour laisser sa flotte mouiller dans la baie, ce que Magellan refuse catégoriquement. Pourquoi paierait-il un impôt à ce roitelet qui n'est pour lui qu'un vassal ? Après quelques tractations à caractère commercial et très nettement en faveur des Européens, les tensions s'apaisent. En peu de temps, tous les chefs tribaux se rallient à la coalition Humabon-Calambou-Magellan et acceptent la domination de la catholique Espagne, à l'exception d'un irréductible du nom fleuri de Silapulapu, qui règne sur la petite île de Mactan, voisine de Cebu.

Magellan en fait une affaire personnelle : pour donner une bonne leçon à cet obstiné de Silapulapu, il s'approche avec seulement soixante de ses hommes de la côte de Mactan, protégée par de dangereux récifs de corail. Tous se jettent à l'eau, munis d'armes légères et certains d'obtenir un triomphe facile.

Or, le combat tourne en un corps à corps sanglant. Atteint au pied par une flèche empoisonnée, Magellan est jeté à terre et lardé de multiples coups de lance, à la consternation de ses compagnons qui, pas plus que lui, ne s'attendaient à un tel revers.

Ce 27 avril 1521 disparaît, par pur orgueil, un des plus prodigieux navigateurs de l'histoire. Nul ne sait ce qu'est devenue sa dépouille. (O. Ch.)

Pietro Aretino dit l'Arétin (1492-1556)

Une histoire renversante

Pour mieux fustiger sa nature satanique, son adversaire Doni prétend que Pietro Aretino est né des amours interdites d'un moine et d'une nonne… Plus vraisemblablement, il est le fils naturel d'un gentilhomme toscan. Né le 20 avril 1492 à Arezzo, d'où son nom, l'Arétin appartient à la première génération des écrivains contemporains de l'imprimerie : toute sa vie, il va noircir du papier et répandre ses textes, au gré de ses intérêts et de ses prébendes. Auteur prolixe et hyperbolique, il publiera aussi bien des livres de piété que des ouvrages licencieux, des satires et des éloges, se faisant fort d'obliger les princes, les rois et le pape lui-même à stipendier sa plume pour se la rendre favorable.

Très jeune, il doit quitter Arezzo à cause d'un sonnet contre les indulgences papales. Réfugié à Pérouse, puis à Rome, il obtient la protection du pape Clément VII, avant d'être chassé pour ses sonnets obscènes.

L'Arétin, qui se donne à lui-même la qualité de « divin », s'attache alors au chef de guerre Jean de Médicis, qui partage jusqu'à son lit avec le poète et, blessé au combat, meurt dans les bras de son ami. Cette liaison passionnée n'empêche pas le divin Arétin de collectionner les maîtresses ni d'avoir trois filles naturelles, dont il assurera l'éducation en bon père de famille. Installé à Venise, où il est alors possible de tout imprimer librement, il fait monter les enchères entre François Ier et Charles Quint, qui le couvrent de cadeaux précieux. Le pape Clément VII lui pardonne ses frasques, l'utilise comme intermédiaire officieux auprès de Charles Quint et, plus tard, l'un de ses successeurs, le pape Jules III, ira jusqu'à recevoir le sulfureux écrivain à Rome.

L'Arétin, s'imaginant tous les espoirs permis, ambitionne d'être nommé cardinal ; mais son plan ne se réalisant pas, il retourne à Venise pour prétendre qu'il a refusé la pourpre… Se sentant mal rétribué par la chrétienté, il menace périodiquement de passer chez le sultan, obtenant de la sorte quelques pensions supplémentaires.

Spadassin des lettres, souvent menacé du pistolet ou du bâton, l'Arétin a échappé à plusieurs cas de mort violente avant de trépasser dans des circonstances bien dignes de lui. Non de ses propres frasques, mais de celles d'une de ses sœurs, courtisane à Venise : écoutant le récit d'un tour qu'elle a joué à un naïf, il rit si fort qu'il tombe à la renverse de sa chaise et se casse la tête. Ainsi s'en est allé, dans un grand éclat de rire paillard, l'enfant terrible de la Renaissance italienne. (B. F.)

Louis de Bourbon, comte de Soissons (1604-1641)

Mort au front

Fils de Charles de Bourbon-Soissons et d'Anne de Montafié, apparenté aux Condé, petit-cousin de

Louis XIII et allié de Gaston d'Orléans, son jeune frère, le comte de Soissons se montrera un adversaire résolu du cardinal de Richelieu qui en comptait déjà un nombre important. En 1636, Gaston d'Orléans, Cinq-Mars et François-Auguste de Thou s'allient pour abattre le cardinal et placer Gaston d'Orléans sur le trône de France. Louis de Bourbon et le duc de Bouillon rejoignent la conspiration, financée par Philippe IV d'Espagne, qui promet également soldats et armes. Rien de moins.

En 1636, Louis de Bourbon ourdit un complot pour faire enlever et assassiner le cardinal. Le projet éventé, il se réfugie à Sedan, à l'époque principauté souveraine, auprès du duc de Bouillon où afflue l'armée promise par le roi d'Espagne.

Pour contrer les intrigues du comte de Soissons, Richelieu envoie le maréchal-duc de Châtillon et l'armée royale prendre la ville. La rencontre des deux armées a lieu à La Marfée, le 6 juillet 1641, près de Sedan. Pendant plusieurs heures, la bataille est incertaine, mais la violente charge de sa cavalerie donne la victoire au comte de Soissons : l'armée du roi est écrasée.

À l'annonce de cette retentissante défaite militaire, qui signe la chute de Richelieu, la Cour commence à s'agiter en prévision de la fin du ministre honni et ouvre la question de sa succession…

Or, trois heures après l'annonce du désastre, Louis XIII, Richelieu et la Cour apprennent la mort violente du comte de Soissons. À l'issue de cette bataille, Louis de Bourbon a relevé la visière de son casque avec le canon de son pistolet : le coup de feu est parti accidentellement, lui emportant la moitié du crâne. Cette *pistoletade* – selon le mot de l'époque pour désigner cet accident qui semblait fréquent – met fin à la dernière révolte des grands. Peu après, Gaston d'Orléans et le duc de Bouillon offrent leur soumission au roi. Cinq-Mars et de Thou finiront sur l'échafaud. Richelieu triomphe, et la paix civile revient pour quelque temps dans le royaume. (D. A.)

Jean-Baptiste Lully (1632-1687)

L'art de caner

Né à Florence le 28 novembre 1632, il a treize ans quand il arrive en France, où ses talents de compositeur, de musicien et de danseur sont rapidement remarqués par la duchesse de Montpensier, qui l'engage à sa cour.

Grâce à Lully, la « Compagnie des violons de Mademoiselle » connaîtra un succès grandissant à la Cour, éclipsant régulièrement les musiciens du roi.

Après la disgrâce de « la Grande Mademoiselle », en 1652, Lully s'engage comme violon du roi. Dès lors, son ascension ne connaîtra plus de limites. Apprécié de Louis XIV, il présente de nombreuses créations à la Cour – dont son célèbre *Dieu sauve le roi*, qui deviendra l'hymne de la couronne d'Angleterre –, ainsi qu'un ballet où le roi, représenté en soleil, danse entouré de ses ministres, représentés en planètes. Cette dernière création ne sera pas sans donner des idées à Louis XIV…

Son zèle – ou son opportunisme, selon ses détracteurs – vaut à Lully d'être nommé surintendant de la musique royale, d'être naturalisé français et de collaborer avec Molière à la réalisation de comédies-ballets.

Personnage orgueilleux, comblé de richesses et d'honneurs par le roi, Lully était aussi un perfectionniste. C'est ce qui le tuera. Au début de l'année 1687, le pays célèbre la guérison de Louis XIV, qui vient de surmonter une grave maladie. Pour l'occasion, Lully compose un *Te Deum*, mais n'arrivant pas à obtenir de ses musiciens le résultat souhaité, il dirige lui-même les répétitions en s'aidant d'une «canne de direction», comme le raconte un témoin de l'époque : « Lully n'avait rien négligé à la composition de la musique et aux préparatifs de l'exécution, et pour mieux marquer son zèle, il y battait la mesure. Dans la chaleur de l'action, il se donna sur le bout du pied un coup de la canne dont il la battait. » Avec violence, Lully s'est fracassé l'orteil, *fortissimo,* mais, souhaitant plus que tout terminer les répétitions de son *Te Deum*, il refuse de faire nettoyer la plaie. Faute d'hygiène et de soins, l'infection de l'orteil se transforme rapidement en gangrène et gagne toute la jambe. Lully meurt le 22 mars 1687, après une agonie de plusieurs semaines.

Sa désormais célèbre « canne de direction » a été conservée par ses musiciens et sera acquise à la fin du XVIIe siècle par la famille de Monaco : elle aurait fait l'objet d'une vénération jusqu'à la Révolution française. (D. A.)

ANTOINE-FRANÇOIS PRÉVOST, DIT PRÉVOST D'EXILES OU L'ABBÉ PRÉVOST (1697-1763)

L'autopsié mécontent

« En même temps que j'espère la sagesse et la vertu, j'ai toutes les peines du monde à les pratiquer », confiait l'abbé Prévost à l'un de ses amis. Né le 1er avril 1697 à Hesdin, Antoine-François Prévost entame des études et un noviciat chez les Jésuites avant de s'enfuir en Hollande en 1711 et de s'engager dans l'armée. Il fait son retour chez les Bénédictins, est ordonné prêtre en 1726. Les deux premiers tomes des *Mémoires et Aventures d'un homme de qualité qui s'est retiré du monde*, dont il est l'auteur, paraissent en 1728 : il doit fuir à

Londres. Défroqué, l'abbé Prévost – d'Exiles, selon son pseudonyme – poursuit sa carrière d'écrivain sulfureux, publiant en 1733 l'*Histoire du chevalier des Grieux et de Manon Lescaut*, inspirée de sa vie tumultueuse, œuvre que le parlement de Paris condamne au feu. Criblé de dettes, l'abbé fonde *Pour et contre*, journal consacré à la littérature anglaise.

Il retourne à son travail de bénédictin en 1734, après avoir demandé au pape l'absolution de ses fautes, poursuivant sa carrière de romancier de mœurs et d'aventures.

Le 25 novembre 1763, après avoir copieusement dîné au monastère de Saint-Nicolas-d'Acy, l'abbé Prévost est frappé d'apoplexie : il s'effondre au pied d'un calvaire qui portera plus tard la mention de son décès.

Une autre version, plus romanesque, dans le goût des œuvres gothiques de Walpole et de Radcliffe, le fait mourir en forêt « au lieu dit de la Croix-de-Courteuil, expirant et frappé d'un coup de sang ». C'est là, entre Senlis et Chantilly, qu'on aurait trouvé le lendemain la dépouille du prêtre au pied d'un arbre.

On le juge mort et la justice ordonne l'ouverture du corps afin de s'assurer que l'auteur de l'*Histoire générale des voyages* n'a pas été assassiné. Le chirurgien chargé d'exercer cette opération entame l'incision au scalpel, lui ouvrant la poitrine. Le défunt pousse un cri déchirant. Épouvanté, le médicastre essaie de recoudre son patient, mais la blessure est trop profonde. L'abbé rouvre les yeux pour constater cette fâcheuse méprise. Prévost d'Exiles sépare à tout jamais son corps mutilé de son âme tourmentée.

L'abbé est inhumé au lieu qui l'avait vu prendre son dernier repas. Le couvent sera détruit par les révolutionnaires, les villageois s'emparant des vestiges. La pierre tombale de l'abbé Prévost sera découverte en 1820 dans une maison voisine, servant de pierre d'évier… (F. Ch.)

Évariste Galois (1811-1832)

Le matheux amoureux

Il est d'usage de faire le parallèle entre le poète Arthur Rimbaud et le mathématicien Évariste Galois : tous deux génies précoces, ils ont révolutionné la poésie pour l'un, les mathématiques pour l'autre, entre leur adolescence et leur vingtième année, léguant au terme d'une explosion de créativité aussi intense que brève des tombereaux de travail, d'analyses, de commentaires, d'admiration et de perspectives pour les générations suivantes de littérateurs et de matheux. Où les aurait menés leur turbogénie si leurs trajectoires n'avaient été prématurément interrompues ? Si la question reste valable pour les deux, c'est dans cette interruption que se situe la différence : Rimbaud a cessé volontairement d'écrire longtemps avant sa mort, Galois a vu son œuvre s'arrêter à cause d'une mort stupide.

Adolescent dans une époque où toute une jeunesse impétueuse, exigeante et républicaine se heurtait violemment à une monarchie restaurée hautaine et crispée sur ses privilèges, le jeune lycéen, agité chronique, révolté insatiable, avait tout pour se faire détester de ses professeurs, de ses aînés et des autorités établies. On peut comprendre : que peut-il exister de plus exaspérant qu'un jeune voyou insolent qui vous jette avec une désinvolture prétentieuse des théories mathématiques aussi fumeuses qu'incompréhensibles ? Tous les profs de maths et matheux célèbres de l'époque rejetteront les propositions du jeune énervé sauf deux, son professeur Richard et le mathématicien Poisson, qui seront les seuls alors à subodorer le prodige. Entre deux barricades et deux émeutes, Galois trouvera le temps de se faire recaler deux fois à l'École polytechnique, de se faire renvoyer de l'École normale où il s'ennuyait : il écrivait des lettres d'insultes à ses profs, leur reprochant leur lenteur intellectuelle et leur médiocrité, interrompait les sessions de l'Académie, avant d'aller faire le coup de feu sur les barricades.

Malgré des recherches assidues, les circonstances du drame restent obscures : en mai 1832, au terme de son deuxième séjour en prison, il tombe amoureux d'une femme à l'identité encore incertaine. Ce qu'on peut inférer de ses écrits, c'est en tout cas que leur relation tourne mal et que, au terme d'une querelle avec deux amis de la belle à l'identité tout aussi hypothétique, il est provoqué en duel. La seule chose avérée, ce sont ces phrases de sa main, trouvées parmi les fiévreuses notes de sa dernière nuit : « J'ai été provoqué par deux patriotes… Je meurs victime d'une infâme coquette. »

C'est que, se sachant médiocre tireur, le voilà qui, la veille du duel, se met à envisager la probable issue fâcheuse qui va donner à ses travaux une fin inopinée. Alors, il écrit toute la nuit une sorte de testament scientifique hâtif et condensé, reliant toutes ses précédentes démonstrations en quelques mots, dessinant en une nuit les bases des mathématiques modernes, parsemant les lignes de « Je n'ai pas le temps ». Le matin du 30 mai 1832, comme il le craignait, il reçoit une balle dans le ventre et meurt le lendemain à l'hôpital Cochin, à l'âge de vingt ans.

Il avait conclu son testament par cette phrase : « J'espère que les gens trouveront leur profit à vérifier tout ce gâchis. » Bientôt deux siècles d'avancées mathématiques dans le monde ne sont pas encore parvenus à en vérifier toutes les implications. (B. L.)

HORACE VERNET (1789-1863)

Une batteuse pour faucheuse

Fils et petit-fils de peintres, Horace Vernet est né dans les galeries du Louvre, le 30 juin 1789. Dès l'âge de vingt ans, il s'impose comme peintre militaire, genre en vogue sous l'Empire. Plus discret sous la Restauration, il subit l'influence du romantisme et devient, après 1830, l'un des peintres officiels de la monarchie de Juillet. Louis-Philippe lui commande plusieurs tableaux de bataille pour le musée de l'Histoire de France qu'il installe à Versailles, mais Vernet célèbre aussi la conquête de l'Algérie avec la *Prise de la Smala d'Abd el-Kader* et la *Bataille d'Isly*, et va jusqu'à glorifier l'essor industriel de la France sous le règne du « roi bourgeois » : au Palais-Bourbon, le salon de la Paix que traverse le président pour se rendre dans l'hémicycle s'orne au plafond d'une allégorie plantureuse de la France pacifique entourée de cheminées d'usine fumantes, le tout encadré par deux figurations du « Génie de la vapeur », sur terre d'un côté, avec une locomotive alimentée en charbon par des angelots potelés, sur mer de l'autre, montrant l'étrave d'un puissant steamer chassant des océans une nymphe rousse à la carnation lumineuse et obscène…

Horace Vernet est aussi un grand voyageur, qui visite la Russie, l'Orient, l'Afrique du Nord, perpétuellement à l'affût de scènes à croquer. Ses lithographies de cavaliers et de chevaux sont recherchées, de même que ses dessins politiques et satiriques.

En 1848, la chute de Louis-Philippe et la proclamation de la République l'effraient. Son tableau *Socialisme et Choléra* le rejette dans la réaction, tandis qu'au plan artistique, Ingres et Delacroix ont fini par l'éclipser. Il se retire dans sa belle propriété du Midi, à Hyères, où il se préoccupe d'agriculture.

C'est ainsi qu'un beau jour, se promenant à dos d'âne, il s'approche d'une ferme pour observer le fonctionnement d'une batteuse à vapeur arrivée tout droit de Paris. Cette batteuse sera sa faucheuse. Effrayé par le bruit de la machine, l'animal s'emballe et Horace Vernet se casse une côte en tombant. Un abcès se déclare : après des semaines d'une terrible agonie et l'inutile intervention des meilleurs médecins, l'artiste s'éteint à Paris, le 17 janvier 1863.

Sa mort douloureuse fut trois fois stupide et, raffinement suprême de la Camarde, Horace Vernet eut le temps de s'en rendre compte : un peintre de batailles qui meurt dans son lit, un dessinateur de chevaux tombé d'un âne, un chantre de la vapeur victime d'une batteuse mécanique, tout cela fleurait la dérision au point que le mourant s'en désola. Pour le consoler, le 7 décembre 1862, Napoléon III lui fit porter à son chevet la croix de grand officier de la Légion d'honneur, « comme au grand peintre d'une grande époque ». (B. F.)

Isabelle Eberhardt (1877-1904)

Dans le flot de l'action

Fille d'une aristocrate russe, Isabelle Eberhardt naît à Genève le 17 février 1877. Sa mère, tombée follement amoureuse du précepteur de ses enfants, a fui la cour de Saint-Pétersbourg pour s'exiler en Suisse. Élevée comme un garçon par ce précepteur, dont on ignore s'il est réellement son père, Isabelle Eberhardt se passionne pour l'Orient qu'elle découvre par les récits de voyage des explorateurs occidentaux. En 1897, Isabelle, sa mère et son tuteur s'installent à Bône, en Algérie. La jeune femme se passionne pour sa nouvelle patrie et – chose rare à l'époque – s'intéresse à la culture et au mode de vie de la population musulmane de la colonie française. Son attitude, très critique envers l'administration coloniale, provoque son expulsion d'Algérie. Peu après la mort de sa mère et de son tuteur en 1899, elle se convertit à l'islam pour épouser Slimène Ehnni, jeune officier de spahis français d'origine musulmane, ce qui lui permet d'obtenir la nationalité française et de rentrer en Algérie. Pendant plusieurs années, elle sillonne le Sahara en compagnie de son mari, et en 1903, elle part dans le sud du pays comme correspondante pour un journal d'Alger.

Au cours de ce qui sera son dernier voyage, Isabelle Eberhardt fait la connaissance du général Lyautey, avec qui elle sympathise, tous deux partageant de nombreux points de vue sur la situation politique de l'Algérie. À la mi-octobre, elle arrive dans l'oasis d'Aïn Sefra et achève la rédaction de son dernier livre, *Sud oranais*. Le 21 octobre 1904 à midi, un violent bruit se fait entendre. Gonflé par la crue de ses affluents, le lit de l'oued jaune déborde, et le niveau des eaux monte rapidement, arrachant tout sur son passage. Très vite, la ville est submergée et seuls ceux qui parviennent à se réfugier sur les toits échappent au désastre. Après la décrue, le bilan est lourd, une grande partie des habitants, surpris par la brusque montée des eaux, a été emportée. Le corps d'Isabelle Eberhardt sera retrouvé le lendemain après des recherches effectuées par Lyautey, venu au secours de la population. Emportée par les flots, elle s'était débattue avant de succomber. Isabelle Eberhardt est morte, à l'âge de vingt-sept ans, noyée dans le désert ! (D. A.)

Albéric Magnard (1865-1914)

Le génie forcené

Albéric Magnard fait connaissance avec la tragédie de la vie le 3 avril 1869, tandis qu'il n'a pas encore quatre ans. Pendant la nuit, sa mère, de santé mentale fragile, saute par la fenêtre de l'appartement familial situé au quatrième étage. Elle est toujours en vie, et consciente, après sa brève chute. On lui prodigue des soins toute la nuit, mais elle décède à l'aube.

Adolescent, chez les bénédictins de St. Augustine's Abbey à Ramsgate, il suit l'enseignement de « gens sournois et dissimulés comme tous les prêtres, mais aimables, intelligents et libéraux », puis obtient sa licence de droit à Paris en 1887.

Il s'intéresse passionnément à la musique, étudie le piano et se considère tout au plus comme « un bon gratteur d'ivoire ». Durant l'été 1886, avec quelques amis, il fait le voyage de Bayreuth. Il est fasciné par l'univers musical de Wagner.

Albéric Magnard se décide à quitter le foyer paternel à l'âge de vingt-huit ans, pour mener enfin une carrière musicale, sous la coupe de maîtres tels que Jules Massenet ou Vincent d'Indy, avec qui il se liera d'une amitié indéfectible. Il compose une œuvre peu abondante, pour des raisons qu'on comprendra, mais profonde et belle. En 1896, il épouse Julia Creton, flanquée de son fils René, né d'un premier lit. Ils auront ensemble Ève et Ondine, nées en 1901 et 1904.

En 1914, Magnard, qui n'a pas été mobilisé, fait plusieurs démarches pour être réintégré au service actif ; rien n'y fait, il est trop vieux, et l'armée, quoique gourmande de chair à canon, hésite à enrôler des exaltés de cette trempe-là. Il finit par renoncer, et écrit à un ami : « Dans ces conditions, je n'insiste pas. Cela me suffit. On reprendra l'Alsace et la Lorraine sans moi. » Il ne croit pas si bien dire.

Début août, Albéric Magnard séjourne dans son manoir de Baron, une petite commune de l'Oise, près de Senlis. Connaissant l'avancée des troupes allemandes, il envoie sa femme Julia, leurs deux filles et sa tante Anne chez cette dernière, à Pantin. Il reste avec René et déclare à son épouse en lui montrant son revolver : « Il y a là six balles. Cinq pour les Allemands, et une pour moi. »

Les troupes du maréchal von Kluck – qui se sont signalées par des exactions du côté de Liège quelques semaines plus tôt – pénètrent dans Baron le mercredi 2 septembre 1914 vers quinze heures. Albéric Magnard observe l'invasion depuis ses persiennes fermées.

Le taciturne musicien, si intransigeant à l'égard de ses contemporains – « sa femme, ses enfants, une demi-douzaine d'amis, ses œuvres, ses chimères, voilà tout ce qu'il accepte du monde », écrit de lui Maurice Boucher – n'est pas aimé des habitants du village. Lorsqu'il s'est installé à Baron, le conseil municipal est venu en cortège jusque chez lui pour tenter de nouer des relations officielles ; Magnard a congédié la délégation en quelques phrases tranchantes. Il n'est pas exclu que certains jaloux aient signalé aux uhlans les richesses éventuelles – des Corot, des Sisley, des Rodin – qui pouvaient se trouver au manoir des Fontaines, la demeure du compositeur.

Vers neuf heures du matin, le 3 septembre, cinquante à cent soldats du 3e régiment hanovrien encerclent le manoir, attrapent René, le ficèlent à un arbre et lancent : «*Komm heraus!*» à Magnard. Ce dernier est retranché dans la salle de bains, au-dessus d'eux. Soudain, un coup de feu se fait entendre. Le compositeur est convaincu qu'on a exécuté son beau-fils et de son revolver tue deux Allemands. La propriété est aussitôt canardée.

L'officier qui commande tout ce beau monde regagne le village et fait prisonnier le notaire François-Jules Robert. Comme le conseil municipal a fui, c'est le personnage le plus important de la commune. Il devra répondre des agissements du sieur Magnard devant un tribunal militaire, lequel décide après des délibérations très courtes que tous les habitants de Baron seront fusillés et que le village sera détruit par le feu. L'habile tabellion se débat et négocie : seul le forcené sera fusillé, s'il est pris, et seule sa maison sera incendiée.

De retour sur les lieux, on tend à Me Robert une torche, afin qu'il boute lui-même le feu ; le notaire tient le coup, et ce sont les Allemands qui enflamment le manoir des Fontaines, après l'avoir pillé.

René Creton, le beau-fils, pendant ce temps-là, se défend en allemand, prétend qu'il est le fils du jardinier et n'a rien à voir là-dedans. Il est épargné puis libéré. Chacun sait que tous les jardiniers sont d'éminents germanistes, surtout dans l'Oise.

Le siège du manoir en feu dure plusieurs heures. À quatorze heures trente, une détonation se fait entendre dans la maison, un officier allemand triomphe auprès du notaire : le forcené s'est fait justice lui-même. En fait, une douille non percutée sera plus tard retrouvée dans le revolver de Magnard, douille qui aura fait feu du fait de la chaleur de l'incendie, suggérant que le compositeur est mort tout de suite de la riposte à son attaque, ou d'asphyxie, ou suicidé pendant les salves allemandes.

La maison brûlera plusieurs jours après le carnage. Le feu emporte les œuvres et objets d'art que les Allemands n'ont pas pris, ainsi que de nombreux travaux de Magnard qui nous resteront à jamais inconnus. Les vestiges carbonisés du musicien seront pieusement collectés et ensevelis sur place par Julia Magnard.

En janvier 1918 – la guerre est loin d'être terminée –, la très chic rue Richard-Wagner, dans le XVIe arrondissement de Paris, est rebaptisée rue Albéric-Magnard. Or, Magnard tenait Wagner pour un de ses compositeurs préférés. Il arrive quelquefois qu'une revanche patriotique soit mal placée.

La reconstruction du manoir des Fontaines sera rendue possible par les dommages de guerre. La maison appartient de nos jours à un particulier. La plaque sur le mur se recouvre de vigne vierge. Les restes calcinés d'Albéric Magnard reposent, après transfert, au cimetière parisien de Passy. Sur l'acte de décès du musicien, la mention « Mort pour la France » a été ajoutée en 1984. (O. Ch.)

HUGH HECTOR MUNRO (1870-1916) DIT SAKI

Fumer tue

Écrivain d'origine écossaise, le jeune Hector Munro passe une jeunesse heureuse en compagnie de sa famille qui voyage un peu partout en Europe, en France, en

Allemagne, ainsi qu'à Prague. En 1902, après son engagement militaire dans les forces britanniques en Birmanie, il est à Londres et commence une carrière de journaliste au *Morning Post*, qui l'envoie en reportage dans les Balkans, à Saint-Pétersbourg, en Pologne, puis à Paris, où il s'installe deux ans et commence à écrire.

En 1910, ses premiers romans paraissent en Angleterre sous le pseudonyme de « Saki » et, en 1912, il connaît le succès grâce à son roman *L'Insupportable Bassington*, qui reste, à ce jour, un classique de la littérature anglaise.

Le 14 novembre 1916, il est dans les tranchées de Verdun. Tandis qu'une offensive se prépare dans le plus grand secret, il demande le silence à ses hommes pour ne pas alerter l'ennemi. Mais c'était compter sans l'un de ses soldats, qui enfreint les consignes en fumant une cigarette. Saki lui hurle : « Mais éteignez donc cette cigarette, bon Dieu ! » quand un coup de feu retentit, et lui troue la tête, le tuant sur le coup. (D. A.)

Alexandre Nikolaïevitch Scriabine (1872-1915)

Les ailes de la réincarnation

Son père est diplomate, sa mère pianiste. Alexandre Scriabine, né à Moscou le 6 janvier 1872, sera l'un des compositeurs les plus originaux de la Russie. Il appartient au cénacle moscovite des musiciens ayant reçu l'influence de Chopin. Il rend d'abord hommage au maître polonais, par des pièces romantiques (*op.* 1 à 29). Scriabine quitte ensuite la Russie éternelle pour l'Europe et l'Amérique, où il se produit avec succès. Sa musique se fait peu à peu mystique, Scriabine s'inspirant des théories théosophiques pour composer son *Poème de l'extase* (1908) ou son *Prométhée* (1911). Chaque œuvre devient alors une sorte de « rituel magique miniature ». Le compositeur accompagne ses partitions de notations telles que « mystérieux », « lugubre », « divin », « comme dans un rêve », qui suggèrent à l'interprète l'ambiance sonore qu'il devra créer. Il s'inspire également des travaux sur la synesthésie, associant couleurs et sons.

Se rendant en 1914 dans le nord de l'Inde pour donner des concerts, il découvre les danses des derviches tourneurs, l'extase collective et la réincarnation. Il veut bâtir un temple, sorte de « Bayreuth hindou », entièrement consacré à l'exécution de son *Mystère.* Après un dernier concert à Petrograd, il est piqué à la lèvre supérieure par une mouche charbonneuse – ou mouche du bétail. Il meurt de septicémie, après d'atroces souffrances, le 27 avril 1915, jour de Pâques, en murmurant : « Qui est là ? » (F. Ch.)

Alexandre Ier de Grèce (1893-1920)

L'homme qui n'a pas beaucoup été roi

Alexandre Ier ne sera pas resté roi de Grèce très longtemps : trois ans seulement. Et, sous son règne, son pouvoir fut plus que limité. Tandis qu'il demeure emprisonné dans son palais athénien, à Tatoï, c'est en réalité le Premier ministre Elefthérios Venizélos qui gouverne une Grèce en guerre contre la Bulgarie et l'Empire ottoman.

Politiquement inexistant, Alexandre Ier est méprisé au sein de sa propre famille en raison de sa liaison avec Aspasia Manos, une fille de colonel qu'il finit par épouser en 1919. Scandale énorme : obligés de fuir leur propre pays et de se réfugier à Rome puis à Paris, les jeunes mariés ne reviendront que l'année suivante à Athènes. On refusera néanmoins à la belle Aspasia le titre de reine de Grèce – alors qu'elle est la seule de la dynastie à être effectivement de sang grec –, au profit de celui de princesse de Grèce et de Danemark.

Pauvre Alexandre Ier, il ne profitera pas beaucoup non plus de son épouse. Peu après son retour au palais de Tatoï, le 2 octobre 1920, il se promène sur ses terres et est mordu par un petit singe domestique à la jambe et au ventre. Les médecins, appelés à la rescousse, nettoient consciencieusement les plaies puis les pansent. Mais rien n'y fait, elles s'infectent. Quelques heures plus tard, le roi est en sueur, et la septicémie s'installe. L'agonie va durer plus de trois semaines. Trois semaines au cours desquelles le souverain va délirer, hurler à la mort dans les salles désertées du palais, appeler sa mère Sophie, puis sombrer dans le coma. Le gouvernement refuse que le reste de la famille royale, à commencer par la propre mère du roi, vienne de Saint-Moritz, où elle réside en exil. Seule est autorisée à faire le voyage Olga, la reine douairière, veuve du roi Georges Ier, qui n'arrivera que douze heures après le décès…

Sur sa tombe, Alexandre Ier ne bénéficie pas du même protocole que les autres souverains grecs. Au lieu d'« Alexandre, roi des Hellènes, prince de Danemark », on peut lire : « Alexandre, fils du roi des Hellènes, prince de Danemark. Il régna à la place de son père du 14 juin 1917 au 25 octobre 1920. » Ultime insulte. (Ph. Ch.)

Antoni Gaudí (1852-1926)

Le débraillé gothique

« L'art gothique est imparfait […], c'est le style du compas, de la formule, de la répétition en chaîne », constate Antoni Gaudí – né le 25 juin 1852 à Reus –, alors qu'il étudie l'architecture à travers l'œuvre de Viollet-le-Duc. Les chantiers qu'il entreprend à Barcelone synthétisent d'abord l'esprit oriental et le nationalisme catalan. Moderniste, il entreprend dès 1883 la construction de la future cathédrale de la Sagrada Familia, qui sera sa tour de Babel. En attendant, cet illustrateur de l'Art nouveau à l'audacieuse imagination plastique bâtit des édifices de caractère hautement onirique. On lui doit à Barcelone le parc Güell, la Casa Batlló, « la Pedrera » – construits entre 1900 et 1914 –, véritables chefs-d'œuvre d'une architecture « tactile » qui semble résulter du travail de l'argile molle et s'inspirer des formes organiques naturelles.

Ardent nationaliste catalan, qui brave la loi interdisant de parler la langue régionale en public, l'architecte a connu l'emprisonnement. De plus en plus isolé au moment où reprend le chantier de la Sagrada Familia, ce catholique fervent, qui veut transcender le style ogival, rencontre de sérieuses difficultés financières. Le 10 juin 1926, il est renversé à Barcelone par un tramway. Il est vêtu de haillons « gothiques », n'a pas de carte d'identité : personne ne reconnaît en lui l'artiste génial dont le visage est pourtant célèbre. On vient à son secours avec retard. L'accidenté décède quelques jours après à l'hôpital de la Sainte-Croix et Saint-Paul. Il a droit cependant à l'hommage populaire des Catalans. Antoni Gaudí est inhumé dans la crypte de la cathédrale inachevée à laquelle il a consacré toutes ses forces pendant les douze dernières années de sa vie. (F. Ch.)

Ehrich Weiss dit Harry Houdini (1874-1926)

Le magicien se fait la malle

Roi de la prestidigitation, il était né austro-hongrois le 24 mars 1874 sous le nom d'Ehrich Weiss, avant de se transformer en Américain sous le nom d'Harry Houdini. Il prétendait même avoir vu le jour dans le Wisconsin. Sa famille ayant émigré aux États-Unis, il fait ses premières apparitions publiques à l'âge de neuf ans, comme trapéziste et « prince des airs ». Il emprunte son pseudonyme à son illustre prédécesseur Robert Houdin et, passé maître dans l'art de se libérer des menottes et des chaînes, il devient une vedette mondiale de la magie. Il acquiert sa célébrité en s'extrayant d'une camisole de force, étant suspendu à un filin au-dessus d'un immeuble. Pendant le numéro de « La malle des Indes », il réussit tout au long de sa carrière à s'échapper d'un sac enfermé dans un coffre cadenassé entouré de cordes.

Au moment où le spiritisme se développe, il cherche à démystifier les médiums en révélant à son public les trucs d'illusionnistes qu'ils utilisent. Cette démarche sceptique lui vaut de se brouiller avec son ami Arthur Conan Doyle, créateur de Sherlock Holmes, persuadé qu'Houdini possède des pouvoirs surnaturels.

Houdini a pour habitude de demander à une personne de l'assistance de lui infliger un coup de poing dans le ventre, histoire de prouver qu'il est invincible. Le 22 octobre 1926 à Montréal, multipliant les coups, un étudiant lui administre une véritable correction. Quelques heures après, l'artiste se plaint de douleurs à l'abdomen. Le 31 octobre, toujours sous l'effet des châtaignes, Houdini refuse d'annuler son spectacle dans la ville de Detroit. La fête d'Halloween se prépare, le magicien décède d'une péritonite consécutive à une rupture de l'appendice. (F. Ch.)

Isadora Duncan (1877-1927)

La danse avec la mort

« Je n'ai fait que danser ma vie », disait Isadora Duncan, sculpture vivante. Née à San Francisco le 26 mai 1877, Isadora doit subvenir aux besoins du foyer familial, enseignant alors la danse aux enfants du quartier. Personnage très anticonformiste, elle est rebutée par la rigidité du système et quitte l'Amérique pour gagner une Europe plus libérale. En 1909, elle ouvre une école de danse pour le moins originale, à Paris. Elle triomphe en 1911 dans l'*Orphée* de Gluck, dansant pieds nus, à peine dissimulée de quelques voiles. Cherchant à traduire l'émotion par ses chorégraphies improvisées, elle s'inspire des figures ornant les vases grecs, visant l'épanouissement total de son corps qu'elle livre aux hommes et aux femmes. Muse de la danse moderne, elle inspire de nombreux artistes de l'époque – comme Rodin et Bourdelle, fascinés par sa liberté d'expression.

Sa vie privée est une tragédie perpétuelle faite de tumultes et de scandales. Un jour d'avril 1913, la voiture qui transporte ses deux enfants et leur nourrice tombe en panne le long de la Seine. Le chauffeur descend pour redémarrer le moteur à la manivelle. Le frein est mal serré, la voiture glisse dans le fleuve : on repêche trois cadavres….

Peu avant la Première Guerre mondiale, Isadora Duncan ouvre une école de danse en Allemagne, où ses élèves prennent le joli surnom d'*Isadorables*, puis une autre à Meudon, encourageant ses disciples à propager ses théories à travers le monde. Isadora devient l'amante de Roland Garros, qui trouve la mort en combat aérien le 5 octobre 1918.

En 1922, elle souhaite apporter sa contribution à la révolution socialiste en ouvrant une école à Moscou, mais ses méthodes pédagogiques audacieuses heurteront le nouveau pouvoir soviétique, qui l'empêchera de mener à bien ses projets. Sur place, elle épouse ensuite Sergueï Essenine – le Rimbaud soviétique –, buveur invétéré qui, à l'issue d'une énième scène de ménage, se pend, le 28 décembre 1925, dans un hôtel de Leningrad.

De retour aux États-Unis pour une dernière tournée triomphale, elle agite chaque soir son écharpe en guise de salut, proclamant avec provocation : « Ceci est rouge, je le suis aussi. » Elle publie ses mémoires dans la foulée et devient mondialement célèbre, grâce au cinéma qui immortalise ses prestations. Auréolée de son succès, elle revient en France, reprend ses enseignements et se rend à Nice en septembre 1927, pour un gala. Passionnée par l'automobile – Isadora Duncan n'est pas rancunière –, elle fait la connaissance d'un jeune mécanicien de vingt ans – elle en a cinquante – qui souhaite vendre sa Bugatti décapotable. La vie lui reste légère en dépit de tout. Le 14 septembre 1927, son amant garagiste vient la chercher à l'hôtel *Negresco*, au volant du bolide qu'il va lui faire essayer. La voiture s'engage sur la Promenade des Anglais. Quelques kilomètres plus loin, sur les routes sinueuses de l'arrière-pays niçois, la longue écharpe aux franges de soie que porte au cou la danseuse se prend dans la roue arrière. La tête plaquée contre la tôle, Isadora Duncan meurt aussitôt, les cervicales brisées. Étranglée par le châle rouge.

Avant de démarrer, ses dernières paroles auraient été : « Profitez de la vie, mes amis, je vais vers la gloire. » (F. Ch. et D. A.)

Italo Svevo (1861-1928)

La dernière cigarette

En 1861, Trieste fait encore partie de l'Empire austro-hongrois. Les frontières s'apprêtent à déplacer leurs lignes. Trente ans plus tard, l'Italie revendiquera la cité au bord de l'Adriatique. En attendant, Aron Ettore Schmitz voit le jour dans une famille juive italo-autrichienne. Études en Bavière : lecture de Schiller, Goethe, Schopenhauer, dans le texte. De retour au bercail, Ettore s'exerce à pratiquer la langue de Dante, tandis que la situation économique de son père se dégrade. Le principe de réalité prend le dessus : Ettore trouve à s'employer dans l'agence triestine de la Banque Union. L'ennui n'est pas loin : l'employé à la correspondance se lance dans un roman d'inspiration autobiographique : *Un Inapte* ou *Un Incapable.* Le récit – rebaptisé plus tard *Une Vie* – paraît en 1892 dans l'étourdissante indifférence du public. Son auteur, qui a choisi le pseudonyme impersonnel d'Italo Svevo – l'Italien Souabe – raconte les tribulations d'un petit employé tout en grisaille, qui, par le biais de la littérature, séduit la fille de son patron et se suicide quand il découvre qu'il va devoir l'épouser.

Pas très exaltant, tout cela. Mais une trouble ironie, un dénigrement constant des lieux communs traverse ce roman stendhalien, ultramoderne, qui fera date, mais plus tard. Svevo est profondément affecté par cet échec littéraire, qui porte atteinte à sa santé. Il vaut mieux, donc, cesser d'écrire. Cette passion secrète, qui le rend moins apte au travail pratique mais distrait et songeur, le requiert malgré tout. «Ce n'est pas l'activité qui me rend vivant, c'est le rêve», explique-t-il à sa femme. Schmitz-Svevo démissionne de la banque et entre dans l'entreprise de ses beaux-parents, la maison Veneziani, qui fabrique, selon une formule secrète, des peintures et vernis sous-marins pour coques de bateaux. Concurremment, Italo torture le violon à raison de deux heures par jour, s'impose également des régimes de toutes sortes pour juguler son aboulie – «incapacité à exécuter les actes pourtant planifiés, grande difficulté à prendre des décisions». À l'âge de vingt-cinq ans, pourtant, Svevo décide d'arrêter de fumer. Ce sera l'affaire de sa vie.

Cosmopolite dans l'âme, à l'image de sa ville natale, que traverse « le tramway le plus lent du monde », Svevo prend des cours d'anglais à l'école Berlitz à partir de 1906. Son professeur, James Joyce, s'enthousiasme pour le second roman de son élève, *Senilità*, paru sans succès à compte d'auteur en 1898. Svevo, confident, découvre le manuscrit de *Gens de Dublin*. La guerre éclate, Svevo est menacé d'enfermement par les autorités autrichiennes : il a refusé de révéler la formule de composition des peintures. L'usine est détruite en 1917, tout comme la bibliothèque de Svevo. À la fin de la guerre, Trieste est rattachée à l'Italie. Svevo collabore au quotidien *La Nazione*, portant un regard critique et malicieux sur les progrès du siècle nouveau. Il y commente, par exemple, l'irruption des automobiles dans les rues de Londres ou de Trieste, s'inquiète devant l'avènement de la vitesse, barbarie nouvelle qui laisse peu de place à la civilisation humaniste, faite de bienveillance, qu'il appelle de ses vœux.

Svevo s'attaque au grand chantier de *La Conscience de Zeno*, qui paraîtra en 1923, toujours à ses dépens, après suppression d'un tiers des pages qui lui ont mangé huit années de sa vie, entre les volutes des nombreuses et dernières cigarettes qu'il se promet chaque jour d'arrêter de fumer. Cette autobiographie d'un certain Zeno, publiée par son psychanalyste, débute par des considérations sur le tabac, qui valent son pesant d'herbe à Nicot. Outre cette analyse historique de son goût pour le tabac, *La Conscience* est l'un des premiers ouvrages inspiré de la toute nouvelle science du docteur Freud, qui met sur le tapis passions refoulées, tics et obsessions du patient. « Écrivez ! Écrivez ! Vous verrez comme vous arriverez à vous voir tout entier ! » Svevo, féru de cette tauromachie du divan, a d'ailleurs traduit *La Science des rêves* du sorcier viennois. Ce génial roman, d'une drôlerie inégalée, vaut à son auteur la stupéfaction amère qu'on ressent devant l'incompréhension générale. Svevo, en avance sur son temps, décrit nos atermoiements, nos arrière-pensées, la violence de nos déceptions, nos tragiques renoncements. « C'est décidément vraiment trop mauvais pour ma santé. » Svevo, à nouveau, cesse d'écrire. Il reprend la cigarette. En 1924, son ami Joyce reçoit un exemplaire de *La Conscience*, le transmet à Valéry Larbaud, qui rend compte avec enthousiasme de sa lecture dans *La Nouvelle Revue Française.* Ainsi naît, peu à peu, la légende du « Proust italien ».

Les années passent, Svevo, qui a toujours été un petit vieux précoce, s'attache à son dernier projet littéraire : *Un Vieillard*. Ce texte ne verra pas le jour, pas plus que ce *Court Voyage sentimental* – qui emprunte son titre à Laurence Sterne – n'aura de fin. L'air du temps a le goût de l'inachevé. Pour Svevo, la cigarette tient lieu de raison malheureuse de vivre et de consolation provisoire. « La dernière tire sa saveur du sentiment de victoire sur soi-même et de l'espoir d'un proche avenir de force et de santé. Les autres ont leur importance parce que, en les allumant, on proclame sa liberté et que l'avenir de force et de santé persiste, mais il s'éloigne un peu. »

Svevo a retrouvé goût à la vie. La reconnaissance, tardive, « a ralenti le cours du temps ». Il donne des conférences. Pourfendeur de l'automobile, il promène ses songes dans les rues de Motta di Livenza – Vénétie –, un jour de septembre 1928. Tête en l'air, il n'entend pas venir le véhicule qui se jette sur lui. On le conduit à l'hôpital, où il refuse, après avoir hésité, puis réclamé, puis repoussé, la dernière cigarette. « On meurt dans l'état précis où on est né : avec des mains faites pour saisir et incapables de serrer», écrivait l'auteur d'*Une Vie*. (F. Ch.)

ANTON WEBERN (1883-1945)

La guerre, groß Mahler!

Le sort des Viennois, en 1945, n'est pas des plus enviables. Il n'est que privations, peurs et sentiment de honte liés à la défaite qui devient de plus en plus certaine. Vienne est copieusement bombardé, l'Armée rouge s'approche par l'est, les troupes anglo-américaines par l'ouest. Anton Webern a eu soixante et un ans en décembre 1944.

Dans les années 1910, avec son maître Arnold Schönberg, exilé aux États-Unis dès l'Anschluß en 1938, et son camarade Alban Berg, disparu à la fin de 1935, il a été l'un des pionniers de la musique dite atonale, sérielle, puis dodécaphonique, car elle utilise les douze tons de la gamme chromatique, indépendamment de la tonalité, qui régissait jusqu'alors l'harmonie musicale, plus pour la couleur et le timbre de la note que pour sa fréquence sonore. C'est une musique épurée, concise, dépouillée, résolument d'avant-garde, qui nécessite, disons, un minimum d'initiation…

Au début de l'année 1945, Webern se morfond à Vienne, privé de charges musicales officielles, comme il l'a été depuis presque sept ans. Dès avant la guerre, le régime nazi a eu tôt fait de ranger la musique sérielle dans la catégorie des «arts dégénérés» et de la «culture bolchevik».

La vie, dans cette capitale autrefois si douce, n'est plus tenable. Son fils Peter, fervent nazi au contraire de son père, est tué le 14 février dans l'attaque aérienne de son train militaire, ce qui plonge le compositeur dans un désespoir sans fond. Les Viennois redoutent instinctivement l'arrivée des soldats soviétiques et beaucoup, dès la fin du mois de mars, évacuent la ville vers l'ouest. Après un long et incertain périple, Anton et sa femme Minna (Wilhelmine) parviennent à Mittersill, bourgade alpestre à la limite du Tyrol, où ils rejoignent leurs trois filles Amalie, Marie et Christine, cette dernière accompagnée de son mari Benno Mattl. L'armée américaine organise dans ce secteur un rationnement sévère, les civils manquent de tout, et le marché noir, quoique impitoyablement réprimé, prospère. Benno se livre à ce trafic, se fournissant clandestinement auprès de soldats américains en diverses denrées introuvables, qui se mangent, se boivent, se fument ou se renégocient.

Le soir du 15 septembre 1945, les Webern dînent chez leur fille et leur gendre. Anton est tout enjoué, car ce dernier lui a promis un cigare. Benno attend des Américains, dans le courant de la soirée, pour une transaction. Quand ils arrivent, après le repas, Webern s'efface pour laisser place aux affaires clandestines, muni du cigare que son gendre lui a procuré et dont il a hâte de tirer quelques bouffées voluptueuses. Pour ne pas incommoder les enfants, il sort du chalet. Ignorant qu'un couvre-feu est décrété, il craque une allumette dans la nuit noire et reçoit sur-le-champ trois balles tirées par un militaire posté là en surveillance. Il retourne précipitamment à l'intérieur de la maison, où les coups de feu ont été entendus, explique qu'il est touché. Christine et Wilhelmine l'étendent sur un lit. Il n'a que le temps de murmurer : « *Es ist aus* » (C'est fini), et meurt.

La visite des Américains semble avoir été une ruse, destinée à prendre Benno Mattl en flagrant délit de marché noir. La petite équipe emmenée par le sergent Murray, une fois introduite dans le chalet tandis qu'une sentinelle reste au-dehors, accepte d'abord quelques bons petits verres, car on n'a que le plaisir qu'on se donne en temps de guerre, puis procède à l'arrestation du trafiquant et de son épouse. C'est à ce moment-là, un peu avant dix heures, que le compositeur est abattu.

L'homme qui a tiré s'appelle Raymond Norwood Bell, dit Ray. Il s'agit d'un alcoolique chronique, ordinairement employé dans l'armée américaine comme cuisinier au QG local. Il entend quelques pas sur le gravier puis voit la flamme de l'allumette. Exceptionnellement à jeun ce soir-là, mais peu accoutumé aux opérations armées, il perd son sang-froid et tire, apparemment sans sommation. Se rendant compte qu'il a peut-être commis une ânerie, il s'enfuit à toutes jambes à la recherche d'un médecin, laissant Webern à sa brève agonie.

L'enquête sur l'incident, diligentée par les autorités américaines, sera close en deux jours. On n'a guère de temps à consacrer à cette menue bavure. L'histoire se fait ailleurs qu'à Mittersill.

Raymond Norwood Bell rentre aux États-Unis quelques mois plus tard. Il y meurt en 1955, sans avoir jamais clairement expliqué pourquoi il avait tiré sur Anton Webern. Il paraît que les soirs de cuite, c'est-à-dire fréquemment, il répétait : « Je voudrais ne pas avoir tué cet homme. » Le romantisme de la Mitteleuropa aurait-il fait de la brute un homme sensible ? (O. Ch.)

Karl Valentin (1882-1948)

Le comique froid

Karl Valentin, qu'on nommerait plus tard « le Charlie Chaplin allemand », avait le sens du tragique : son enfance ne fut pas un conte de fée, la suite non plus. Il naît Valentin Ludwig Fey, un 4 juin 1882, à Munich. Très jeune, ayant perdu ses deux frères aînés, il est élevé en fils unique qui pratique sportivement l'art du caprice. L'école est pour lui une prison, que seul délasse le jeu du docteur, auquel il s'adonne, déjà porté vers les travestissements. Le sang artificiel et le costume ne lui suffisent pas : il parsème le sol de bouts de verre, afin de mettre du piquant sous les pieds nus de ses petits patients. Valentin aime aussi, l'hiver, patiner sur la glace qui recouvre l'Isar. Un jour, il passe au travers : il en deviendra définitivement asthmatique. Doué pour la musique, il joue à peu près de tout : cithare, violon, mandoline et autres instruments à vent. En 1902, il met au point l'Orchestrion, ensemble musical d'une vingtaine d'instruments, dont il est l'homme-orchestre, et part en tournée. Le public est consterné. Valentin fait la plonge dans un restaurant.

La même année, il prend son pseudonyme, se produit en tant que musicien sur une scène de Nuremberg, tout en dirigeant l'entreprise familiale de transports à la mort de son père. La faillite de l'entreprise ne tarde pas à venir. Valentin bazarde l'affaire, décide de tirer parti de sa maigre silhouette pour imposer ses premiers sketchs sur scène. Le succès lui vient en 1908 grâce à *L'Aquarium*, saynète dans laquelle il fait preuve d'autodérision et de grotesque physique. Trois ans plus tard, il rencontre à Francfort la jeune Liesl Karlstadt, déguisée en soubrette ; il en tombe éperdument amoureux.

Celle-ci deviendra sa partenaire de scène pour vingt-cinq ans. Il épousera pourtant Gisela, domestique de ses parents.

Le tout jeune cinéma fascine Karl Valentin, qui crée son propre studio de tournage à Munich, avant de réaliser, à partir de 1912, une quarantaine de courts métrages, dont *Le mariage de Karl Valentin*, dans lequel il piétine cette institution. L'asthme lui vaut d'être réformé dès 1914 et de poursuivre son activité d'auteur loin du front. Il fait la connaissance de Bertold Brecht, tourne avec lui *Mystères d'un salon de coiffure* et *Tambours dans la nuit.* À partir de 1924, fini les salles de spectacles à demi-pleines, Valentin trouve le succès durable en tant qu'auteur, interprète de ses propres sketchs. « D'où viennent les théâtres vides ? Simplement, de l'absence de public. À qui la faute ? Uniquement à l'État. Pourquoi ne pas instaurer le théâtre obligatoire ? » se demande-t-il d'un air grinçant. Il acquiert le Théâtre Goethe dans la capitale bavaroise, salle dont il se débarrasse après une histoire de mégot mal éteint qui, selon la police, aurait pu mettre le feu.

Le feu aux salles, il le propage grâce à l'humour ravageur de comédien mi-hareng-saur mi-Popeye, qui tourne en dérision les travers humains dans ses courtes pièces *Les Pupitres ensorcelés*, *Le Cabaret de Noël* ou *L'Étranger*.

Il tourne chez Max Ophüls *La Fiancée vendue*, film sonore, en 1932, avant d'engloutir, deux ans plus tard, tout son capital dans la fondation du théâtre Panoptikum. L'aventure est un four. Sa partenaire, la pauvre Liesl, tente même de se suicider pour échapper au désastre. En 1939, Karl connaît son dernier triomphe grâce à *Ritterspelunke*, mélange de théâtre, de sketchs de cabaret et d'improvisations avec une nouvelle partenaire,

Annemarie Fischer. Il fait encore quelques incursions au cinéma dans plusieurs courts métrages *Cerises dans le jardin voisin* (1935), *Le tonnerre, la foudre et le soleil* (1936), dirigés par Erich Engels et *Musique de rue* de Hans Deppe. Après quoi, le comique de Karl Valentin ne fait plus recette ; son dernier film *À la pharmacie* (1941), où il retrouve pourtant Liesl, est un échec. Le régime nazi voit d'un mauvais œil sa pièce *Tendances à la pauvreté*, trop misérabiliste à son goût. Il se tourne alors vers les petits boulots, vend des articles ménagers en attendant des jours meilleurs.

Après la guerre, il revient sur les planches. Avec Liesl, une fois encore. Alors que la représentation est terminée ce soir de février 1948, le public vide les balcons, la salle et le foyer du théâtre munichois où le duo vient de se produire. Liesl s'en retourne chez elle. On ferme, comme chaque soir, l'établissement à clé. Dans l'obscurité des coulisses, en train d'enfiler ses défroques civiles, Karl Valentin est oublié. Le théâtre n'est pas chauffé, l'acteur prend froid. Il meurt d'une pneumonie le 9 février, « Rosenmontag » – lundi des roses. Ce jour de carnaval, traditionnellement, on chasse le froid de l'hiver, on bafoue l'autorité à grand renfort de déguisements… (F. Ch.)

Mme William Burroughs née Joan Vollmer (1923-1951)

L'épouse en compote

Si l'écrivain américain William Burroughs est mort tout ce qu'il y a de plus normalement, des suites d'une attaque cardiaque en 1997, on ne peut pas en dire autant de sa femme Joan qu'il tua lui-même dans des circonstances singulières, en 1951.

Dans la vie de William Burroughs, long fleuve tumultueux, chaotique et tourbillonnant, la période qui précède son mariage fait figure de torrent furieux. Rien que ledit mariage est insolite, pour un homosexuel assumé qui vivait alors avec ses copains Jack Kerouac et Allen Ginsberg une existence frénétique, chahutée entre les drogues diverses, les liaisons sulfureuses et la petite délinquance. Tout aussi électrique que lui, Joan Vollmer, qu'il rencontra lors d'une nuit de défonce, dut réveiller chez le prophète *beat* ce qu'il fallait de bisexualité pour qu'il l'épouse et lui fasse un enfant. C'est donc en sa compagnie que l'écrivain, qui n'avait pas encore écrit grand-chose, prend des vacances forcées au Mexique après que la police, à la suite d'une perquisition à son domicile, a trouvé dans sa correspondance avec Ginsberg les preuves de leurs activités de dealers.

Mexico n'est pas en reste pour ce qui est des psychotropes variés, et, entre les tournées de tequila, la frénésie festive continue. Au premier étage d'un bar américain, au cours d'une nouba endiablée, William s'amuse avec un joujou aussi banal et répandu des deux côtés de la frontière : un pistolet automatique. Mais le jeu qu'il se propose de jouer avec sa femme dans des spasmes d'hilarité imbibée n'est, lui, pas banal et récolte l'enthousiasme de l'assistance : on va reconstituer Guillaume Tell *en live*, vite allez chercher une pomme ! Malheureusement, l'absorption des mêmes substances qui font perdre à Joan le sens du risque émousse chez son époux ses capacités de tireur. La balle rate la pomme mais pas son support, l'épouse meurt sur le coup d'une balle en pleine tête.

Arrêté, inculpé d'homicide, le Tell raté est sorti de prison par son frère qui paie la caution. Assigné à résidence au Mexique, il finira par en sortir clandestinement avant son procès. Mais le drame laissera des traces : la scène le poursuivra toute sa vie et, selon ses propres dires, c'est le traumatisme qui s'ensuivit qui le précipita dans l'écriture, avec le succès que l'on sait. Comment naissent les vocations… (B. L.)

Brian Jones (1942-1969)

Un guitariste en eaux troubles

« La route de l'excès conduit au palais de la sagesse », disait William Blake. Brian Jones naît le 28 février 1942 à Cheltenham, Gloucestershire. Shampouine ses cheveux longs en jouant de la guitare, perfectionne ses travestissements vestimentaires. Premier concert des Rolling Stones en 1963, disque en 1964, concerts sous protection policière. Brian Jones, poly-instrumentiste de génie, incorpore au son du groupe n'importe quel instrument : harmonica, clavecin, sitar, marimbas, banjo. Ce rebelle papillonnant ne trouve pas sa place parmi les femmes – qu'il engrosse avant de les abandonner –, ni parmi les hommes, trop virils. Il se réfugie dans les paradis artificiels : whisky, amphétamines, LSD. Ses complices Mick Jagger et Keith Richards l'évincent peu à peu du groupe de rock le plus célèbre du monde.

En 1969, cette « version grasse et momifiée de Louis XIV » s'enferme à Cotchford Farm, luxueuse demeure du Sussex où le guitariste abrite ses rêves dans un capharnaüm wildien. Il va monter un groupe avec John Lennon et Jimi Hendrix, et retrouve confiance en ses moyens de bluesman. Brian s'est fait creuser une piscine autour de laquelle, sous des projecteurs violents, d'interminables bacchanales dignes d'Héliogabale sont données. Le 9 juin, il annonce qu'il quitte les Rolling Stones.

Dans la nuit du 2 au 3 juillet 1969, Brian s'offre un bain de minuit dans sa piscine. Ses ouvriers s'incrustent dans sa propriété, il doit les chasser avant de se jeter à l'eau. Il s'est administré auparavant un somnifère et quelques remontants. Janet Lowson, infirmière de Brian, le trouve inanimé, entre deux eaux. La température du bassin – maintenue à trente degrés –, l'absorption d'alcool mêlé aux narcotiques, son train de vie ont provoqué l'irréparable : Brian Jones s'est endormi pour toujours dans sa piscine. L'autopsie révèle une présence d'amphétamines et une détérioration de l'état de santé de la rock-star ; on conclut à une mort accidentelle.

Les rumeurs les plus folles entourent cette disparition, la plus commune étant l'assassinat de Jones, commandité par ses anciens complices des Rolling Stones. Anna Wohlin, petite amie, publiera en 1999 *L'Assassinat de Brian Jones*, dans lequel elle révèle qu'elle aurait vu Thorogood, ouvrier omniprésent, « sauter dans la piscine » et « faire quelque chose à Brian », tandis qu'elle cherchait un inhalateur pour asthmatique… (F. Ch.)

Yukio Mishima (1925-1970)

Le coup du samouraï

Né le 14 janvier 1925 à Tokyo, Kimitake Hiraoka (son vrai nom) est issu d'une famille de fonctionnaires représentatifs de la petite-bourgeoisie japonaise, ce qui ne l'empêchera pas de s'inventer une ascendance prestigieuse. Élevé par sa grand-mère paternelle, il manifeste très tôt des talents littéraires. En 1941, il publie ses premières nouvelles dans une revue, sous le nom de Yukio Mishima. Inscrit à la faculté de droit en 1944, il est mobilisé peu de temps après mais il est rapidement exempté de travaux pénibles à cause de sa constitution fragile, ce qui lui permet de lire ses auteurs français favoris – Cocteau entre autres – et de continuer à écrire.

Après la guerre et à la fin de ses études, Mishima devient fonctionnaire au ministère des Finances pour quelques mois. En 1949, à la suite de la publication de son roman *Confessions d'un masque*, il devient célèbre, et le succès lui permet de vivre de sa plume. Mishima profite de sa notoriété pour voyager à travers le monde, visite l'Europe, la France et les Amériques. Revenu au Japon, il pratique les arts martiaux, le culturisme, fréquente les milieux homosexuels de la ville, les prostitués et les travestis qui feront la trame de son deuxième roman, *Les Amours interdites*. En 1957, sous la pression de sa famille, il se marie, devient père de deux enfants. À partir du début des années 1960, Mishima bascule de plus en plus vers le nationalisme, rejette la démocratie en se faisant le chantre du Japon impérial. En 1967, il s'engage dans les forces d'autodéfense (l'armée japonaise après la capitulation de 1945) et, le 3 novembre 1968, il fonde la Société du bouclier, son armée privée, dont il dessine les uniformes. D'octobre à novembre 1970, il travaille à l'organisation de son coup d'État. Le matin du 25 novembre, Mishima et une dizaine de ses hommes arrivent au quartier général de la force d'autodéfense, où le planton le félicite pour son uniforme ! Profitant de la situation, Mishima se présente au cabinet du général-commandant Masuda et le prend en otage. Très vite, l'alerte est donnée, et le bâtiment est cerné. Après quelques escarmouches entre l'armée régulière et les soldats de Mishima (neuf blessés au sabre…), l'écrivain demande à exprimer ses revendications nationalistes devant les militaires des forces d'autodéfense, avec l'espoir de les retourner en sa faveur. Les autorités militaires acceptent. À midi, Yukio Mishima apparaît sur la terrasse du bâtiment et harangue les soldats. Sans grand succès. Copieusement insulté par ces derniers et dépité par leur réaction, Mishima abrège son discours au bout de sept minutes, tandis que les hélicoptères qui tournoient autour du bâtiment empêchent les curieux d'entendre ce que dit l'écrivain.

Rentré dans le bureau du général-commandant, Mishima s'accroupit, déboutonne son uniforme, brandit le sabre au-dessus de sa tête et, des deux mains, se transperce le côté gauche de son sabre, qu'il fait tourner dans ses entrailles, conformément à la tradition. Après que le corps s'est affaissé, il est décapité par l'un des compagnons, qui le suit peu après dans la mort. Après avoir salué la dépouille de leur chef, les « putschistes » libèrent le général et sont arrêtés par la police. À douze heures vingt, tout est terminé, et Yukio Mishima entre dans la légende.

Dans une de ses dernières lettres, il avait écrit : « Je veux un témoignage que je suis mort, non en homme de lettres, mais en guerrier. » C'est réussi. (D. A.)

Fernand Raynaud (1926-1973)

Y a comme un défaut !

« *I am a comic* », disait-il, ayant incarné pendant plus de vingt ans le Français moyen. Fernand Raynaud naît le 17 mai 1926 au sein de la cité ouvrière Michelin de Loradoux, en banlieue de Clermont-Ferrand. Certificat d'études en poche, il tente divers emplois pour payer ses places de cinéma : bobineur, commis d'architecte, projectionniste, terrassier… Le 14 juillet 1944, assoupi en gare de Clermont, il tombe sous le train. À deux doigts de mourir… il perd l'annulaire et l'auriculaire droits.

Il monte à Paris à bicyclette pour « faire l'artiste », fréquente assidûment les spectacles comiques des Folies-Bergère. Débutant dans les cabarets et autres brasseries, il amuse le public avec ses histoires courtes. Remarqué par Jean Nohain, il rode ses premiers sketches : *C'est étudié pour*, *Y a comme un défaut*, affronte les foules de Bobino, de l'Olympia. Il tient plus d'un an aux Variétés, sacrifiant sa santé à la légende qu'il est devenu. En 1962, il est Monsieur Jourdain dans *Le Bourgeois Gentilhomme*, propose en 1970 un spectacle de mime intitulé *Une heure sans paroles*. Son succès populaire, jamais démenti, atteint des sommets. *Le 22 à Asnières*, *Allô, Tonton*, *Fernand à Londres* et tous ses autres textes illustrent le comique nouveau d'une France entrée dans la modernité.

Une série de malaises – côté cour et côté scène – entraînent une interruption quasi définitive de sa carrière. L'artiste vit un moment à Nouméa, en Nouvelle-Calédonie, pour mettre une distance entre le succès, le fisc et lui-même.

Le 28 septembre 1973, alors qu'il rejoint Clermont-Ferrand en voiture pour y donner un spectacle au profit des ouvriers, il est victime, dans le Puy-de-Dôme, d'un accident de la route. La gendarmerie établit dans son rapport : « Dans le virage à l'entrée de Cheix-sur-Morge, la Rolls-Royce a évité une bétaillère avant de venir percuter le mur du cimetière. » À propos de cette voiture luxueuse qui lui coûtera la vie, Fernand Raynaud plaisantait volontiers : « Elle est braque, cette voiture, il y a un voyant *Brakes* [freins] qui reste tout le temps allumé. »

La polémique ira bon train : avec malveillance, on imputera cette mort à une consommation d'alcool jamais prouvée. Ses proches y verront davantage une forme de désespoir causé par l'éloignement du public. Sur le mur de cette nécropole où il a perdu la vie, et où il n'est pas inhumé pour autant, une stèle porte, à côté de son portrait radieux, le mot « Heureux » qui l'avait rendu célèbre. (F. Ch.)

Keith Relf (1943-1976)

Nos ampères qui êtes aux cieux

Tout appareil électrique raccordé au secteur fonctionne avec deux fils. Si l'un des deux fils perd sa protection par usure, chaleur ou vibration, et touche une partie métallique de l'appareil, celle-ci se trouve sous tension. Tout être vivant en contact avec ce métal reçoit la même tension et s'il se trouve, comme c'est généralement le cas, sur un sol un tant soit peu conducteur, il participe alors à une joyeuse farandole appelée « circuit électrique » qui passe par l'appareil, son utilisateur et le sol, avec des dégâts proportionnels à la mauvaise conductivité de l'ensemble, pas prévu pour ça. C'est pourquoi les techniciens, dans leurs hautes bienveillance et sagesse, ont prévu un dispositif appelé « mise à la terre » qui permet audit circuit inopportun de passer directement dans le sol en épargnant le métabolisme de l'usager.

À l'instar de tout engin recourant aux différences de potentiel, une guitare électrique est soumise à la même règle et, même si la tension des micros est minime, un dysfonctionnement de l'ampli non raccordé à la terre peut vous la coller sous 220 volts mieux qu'une pince à batterie. Une démonstration didactique *in vivo* de ce phénomène survint quand le chanteur de rock britannique Keith Relf, leader et fondateur du mythique groupe des Yardbirds, saisit sa guitare une nuit de 1976 dans le studio qu'il s'était fait installer à la cave de son domicile londonien. Mais il n'en profita pas, de la démonstration. C'est son fils Dany qui, sans nouvelle du papa le lendemain matin, descendit à la cave et découvrit le corps inanimé.

En principe, si le sol n'est pas mouillé, un humain de constitution normale peut résister quelques secondes à un choc électrique de 220 volts. Ce n'était pas le cas de Keith Relf, d'une santé fragile et souffrant de problèmes pulmonaires. Victime d'une double malchance, il fut terrassé par le choc.

Les monstres sacrés du rock, Eric Clapton, Jeff Beck, Jimmy Page ou Robert Plant, qui avaient travaillé ou travaillaient encore avec lui pleurèrent la disparition d'une étoile rock de grand diamètre. Et de retour chez eux, vérifièrent incontinent que leur instrument électrique était dûment raccordé à la prise de terre. (B. L.)

Claude François (1939-1978)

Monsieur 100 000 volts

Né un 1er février 1939 à Ismaïlia en Égypte, Claude François était le fils de Français installés là depuis le percement du canal de Suez. Il doit quitter le pays en 1956, à la suite de la nationalisation du canal par Nasser, et s'installe en France. Après des années de vie confortable, la famille est ruinée et doit vivre d'expédients. Doué pour la musique, le jeune Claude François fait ses débuts dans des petits orchestres et « monte » à Paris en 1961. Après des mois de galère et de petits boulots, il obtient son premier succès en 1962 avec *Belles belles belles*, adaptation en français de la chanson *Girls girls girls* d'Eddie Hodges. Sa carrière est désormais lancée, et Claude François connaîtra un succès populaire croissant. Bourreau de travail, toujours à l'affût des nouveautés en provenance des États-Unis, très exigeant vis-à-vis de ses collaborateurs, Claude François se révèle comme l'un des plus grands *showmen* français, et nombre de ses titres – quoique largement décriés par la critique musicale – se vendent à plusieurs millions d'exemplaires. L'un d'eux, *Comme d'habitude*, devient même un standard planétaire.

Considéré jusqu'alors comme un « chanteur à minettes », Claude François scandalise en 1966 avec ses fameuses *Clodettes*, ravissantes créatures qui dansent à ses côtés dans des tenues très légères et qui seront la cause de nombreux émois chez les adolescents de l'époque, à chacune de leurs apparitions télévisées.

Dans les années 1970, Claude François se lance dans les affaires, prend le contrôle de plusieurs magazines et devient producteur de musique en découvrant des jeunes chanteurs comme Alain Chamfort.

Sa carrière prendra fin brutalement le 11 mars 1978. Attendu ce jour-là pour une émission de l'inusable Michel Drucker, Claude François prend son bain à son domicile du 46, boulevard Exelmans, quand il remarque que l'applique murale située au-dessus de sa baignoire est mal mise. Éternel impatient et perfectionniste maniaque, il la redresse lui-même et s'électrocute… Plongeant ses fans et la France dans le désespoir et la « cloclomania ». (D. A.)

Terry Kath (1946-1978)

Fine gâchette

Jimi Hendrix lui-même était jaloux de son talent de guitariste. Terry Kath naît le 31 janvier 1946 à Chicago. Sa ville natale lui inspire le titre de son premier album : *The Chicago Transit Authority*, et le nom du groupe – Chicago –, dont il devient le chanteur et avec lequel il connaît un succès fulgurant à partir de 1970. Son style accommode jazz, blues, salsa, pop et acid rock dans un cocktail détonant. Terry enregistre une dizaine de disques, parmi lesquels les hits *Saturday in The Park* et *If You Leave Me Now*.

Sa courte trajectoire illustre la passion du rock'n roll pour lequel il s'apprête à mourir en martyr. Après une fête bien arrosée, le 23 janvier 1978, collectionneur d'armes à feu devant l'Éternel, le chanteur joue avec un revolver qu'on vient de lui offrir, le pointant sur la tempe d'un ami qui lui conseille d'arrêter ce jeu. Rassurant, Terry aurait retourné l'arme contre lui en disant : « T'inquiète pas, il est pas chargé, tu vois bien ! » Il appuie sur la gâchette et meurt sur le coup devant ses amis médusés. (F. Ch.)

ROLAND BARTHES (1915-1980)

Un intellectuel plein d'ID

Né à Cherbourg, orphelin très tôt, Roland Barthes étudie au lycée Montaigne, puis à Louis-le-Grand. Bachelier en 1935, il étudie les lettres classiques à la Sorbonne. La déclaration de guerre, en 1939, interrompt ses études, mais il est réformé pour des raisons de santé. Tuberculeux, Roland Barthes passe la plus grande partie du conflit mondial dans les sanatoriums en France, puis en Suisse. Il met à profit cette inactivité pour lire et découvrir de nombreux auteurs qui seront la matrice de ses réflexions, qu'il théorisera dans *Le Degré zéro de l'écriture*.

Employé au ministère des Affaires étrangères en 1952, il publie dans *Combat* des petits textes dans lesquels il analyse les évolutions de la société, textes réunis en 1957 sous le titre de *Mythologies* qui le font connaître du grand public. En 1953, il intègre le CNRS et devient chef de travaux à l'École pratique de hautes études de Paris. Ces années seront les plus riches de Roland Barthes, qui publie de nombreux ouvrages de critique aux éditions du Seuil. Consécration suprême, il occupe la chaire de sémiologie au Collège de France de 1977 à 1980, tandis que ses *Fragments d'un discours amoureux* obtiennent un succès critique et public.

Dans *Mythologies*, Roland Barthes avait écrit à propos de la Citroën DS : « Jusqu'à présent, la voiture superlative tenait plutôt du bestiaire de la puissance ; elle devient ici à la fois plus spirituelle et plus objective [...]. On passe visiblement d'une alchimie de la vitesse à une gourmandise de la conduite. » On ne pourra pas reprocher à Roland Barthes de mettre en pratique ses théories. Le 25 février 1980, il est invité par Jack Lang à déjeuner avec François Mitterrand, à l'époque probable

candidat socialiste à l'élection présidentielle, qui souhaite « rencontrer des créateurs » en prévision de la campagne électorale. Après la rencontre, Roland Barthes décide de rentrer à pied. À la hauteur du 44 de la rue des Écoles, en face du Collège de France, il traverse la rue. Selon les témoins, Roland Barthes aurait bien regardé avant de traverser, mais avait-il quelque chose en tête ? N'a-t-il pas fait attention au véhicule ? Toujours est-il que Roland Barthes est violemment percuté par une camionnette et transporté inconscient à la Pitié-Salpêtrière par le Samu. Venu sans ses papiers au déjeuner, l'accidenté n'est identifié que dans la soirée, et le lendemain, la nouvelle du drame met en émoi tout le Quartier latin. Officiellement, l'état de santé de Roland Barthes n'est pas inquiétant, mais la réalité est tout autre. Pour des raisons diverses, la famille du sémiologue ment. Pourquoi ? Plusieurs explications sont possibles. Soit que l'accident apparaissait trop tristement banal pour l'auteur de *Mythologies*. D'autant plus que Roland Barthes, qui fulminait régulièrement sur l'invasion des voitures à Saint-Germain-des-Prés, ne manquait jamais de donner des conseils à ses amis pour ne pas se faire écraser… L'autre raison possible est que, la victime sortant d'un déjeuner avec François Mitterrand, ses proches n'aient pas voulu donner prise à ses adversaires politiques en masquant la gravité de l'accident… À l'hôpital, le principal intéressé reste très éloigné de ces considérations… Gravement blessé, affaibli par les séquelles de sa tuberculose et le nombre trop important de visiteurs qui se pressent à son chevet, Roland Barthes décède de complications pulmonaires le 26 mars 1980 à treize heures quarante. (D. A.)

Thomas Lanier Williams II dit Tennessee Williams (1911-1983)

Dans tous ses états

Originaire du Mississippi, Thomas Lanier Williams II emprunte au sud des États-Unis son pseudonyme – Tennessee – et les lieux de son théâtre intime. Étudiant à Columbia, puis employé d'une fabrique de chaussures, portier, barman, il se réfugie dans l'écriture de poèmes. Réformé en 1943 pour alcoolisme, homosexualité, troubles cardiaques et nerveux, il entame alors une carrière de dramaturge. Ses pièces mettent en scène des personnages fragiles, perclus de solitude, qui se débattent face aux névroses personnelles et collectives. *Un tramway nommé désir* lui apporte la gloire au théâtre, en 1947, puis au cinéma un an plus tard. Blanche y exprime les désirs de son auteur : « Oui ! oui ! de la féerie ! C'est ce que je cherche à donner aux autres ! Je veux enjoliver les choses. Je ne dis pas la vérité, je dis ce que devrait être la vérité ! Que je sois damnée si c'est un péché ! »

Après avoir vu ses œuvres adaptées à l'écran par Mankiewicz, Kazan ou Huston, Williams achève son parcours en solitaire.

Délaissé, il habite un hôtel new-yorkais après avoir vendu sa maison de La Nouvelle-Orléans. S'alcoolisant, il ne mange presque plus, s'affole chaque soir devant la peur de mourir seul. Le 24 février 1983, au moment de se coucher, il utilise le bouchon d'un tube de barbituriques comme petite cuiller pour avaler ses deux capsules de Seconal. Malencontreusement, il avale ce bouchon qui l'étouffe instantanément.

Par testament, Tennessee Williams souhaitait être enseveli dans la mer, le plus près possible de l'endroit où le poète Hart Crane s'était jeté à l'eau, au large de La Havane. Celui qui écrivait : « La grande ruse de l'existence humaine est de savoir dégager l'éternité dans ce qui passe » est finalement inhumé à St. Louis, Missouri. (F. Ch.)

Jörg Haider (1950-2008)

Le gay tapant

Homme politique autrichien né le 26 janvier 1950 à Bad Goisern, en Autriche, il commence sa carrière en 1977 avec son adhésion au FPÖ (Parti autrichien de la liberté), petit parti populiste local qui n'engrange que quelques pourcentages aux élections. En 1986, Jörg Haider devient président de son parti et le transforme en machine de guerre électorale. Avec succès puisqu'en 1989, il est élu gouverneur de Carinthie, le berceau historique de l'Autriche. Très vite, le nouveau dirigeant va se démarquer de la classe politique par ses déclarations à l'emporte-pièce, toutes favorables au IIIe Reich, pour lequel il entretient une certaine nostalgie, n'hésitant pas à saluer la politique pour l'emploi d'Hitler et la bravoure de son armée… Ces déclarations l'obligent à démissionner en 1999, mais il est à nouveau élu gouverneur de la région et recueille, la même année, 26,9 % des voix aux élections législatives, ce qui lui permet de négocier l'entrée de ministres du FPÖ au sein du gouvernement de Wolfgang Schüssel, au grand dam de l'Union européenne, scandalisée par cette percée extrémiste.

Le succès ne durera pas et, après quelques déconvenues électorales, son parti se déchire. En 2005, Jörg Haider fonde son propre parti, le BZÖ (Alliance pour l'avenir de l'Autriche) qui n'obtient que 4,2 % des voix aux élections régionales. C'est au moment où il se préparait à devenir candidat aux prochaines législatives et à entrer au gouvernement après des résultats qui s'annonçaient favorables, que la mort l'emporte, le 11 octobre 2008. Alors qu'il sortait d'une boîte de nuit avec un taux d'alcoolémie de 1,8 g/l, il meurt d'un accident de voiture, alors qu'il roulait à 142 km/heure sur une portion de route limitée à 70.

À sa mort, une grande partie de la population autrichienne découvre que Jörg Haider, bien que marié et père de deux filles, entretenait une w homosexuelle avec son assistant Stefan Petzner. Ce qui était quelque peu éloigné de la politique conservatrice de son mouvement. Sa mort brutale fera l'objet de rumeurs les plus folles, sur un attentat visant à l'assassiner. On lui attribua également, sans preuve, un compte bancaire de 45 millions d'euros au Liechtenstein. (D. A.)

....

Étienne II (?-752), une mort aux conséquences stupides

On ne sait rien du pape Étienne, deuxième du nom (Étienne Ier régna de 242 à 257) si ce n'est qu'il a été élu pape en mars 752... Et qu'il décède trois jours après son élection au trône pontifical. Aucune décision officielle, aucune nomination, aucune influence sur la liturgie... À ce jour, le « règne » pontifical d'Étienne II est le plus bref de la papauté. En comparaison du sien, les vingt-trois jours de Jean-Paul Ier passent pour une éternité.

C'est à la mort du pape Étienne que les choses se compliquent. Au VIIIe siècle, il était établi que seuls les papes ordonnés (le pape étant, par définition, l'évêque de Rome) étaient considérés comme valides. N'ayant pas eu le temps d'être ordonné, Étienne n'est pas homologué comme pape par l'institution. Histoire de ne pas simplifier les choses, son successeur immédiat prend également le nom d'Étienne. Le temps passe et, à partir du Xe siècle, certains noms revenant régulièrement, les papes prirent l'habitude d'adjoindre un numéro à leur nom, si bien que les papes précédents furent eux aussi numérotés, *a posteriori*. Dès lors, que faire d'Étienne, le « pape éphémère » ? Au Xe siècle, il n'est toujours pas considéré comme un pape valable. C'est donc son successeur qui devient officiellement « Étienne II ». Mais au XIIIe siècle, au moment de l'affirmation du pouvoir papal, l'élection du pape prend le pas sur son ordination et marque le début du règne pontifical. Au XVIe siècle, l'élection d'Étienne est considérée comme valide et l'intéressé « redevient » pape dans *L'Annuario pontifico* sous le nom d'« Étienne II ». Son successeur immédiat, auparavant connu sous le nom d'« Étienne II », est promu « Étienne III » et ainsi de suite, puisque de 752 à 942, sept papes se succèdent sous le nom d'Étienne. C'est ainsi qu'Étienne IX, le dernier en date, qui régna sous ce nom, se métamorphose en Étienne X quelques siècles après sa mort... Pour s'y retrouver, il faut alors pratiquer la double numérotation, ce qui donne un résultat pour le moins original avec cette graphie : « Étienne IX (X) ».

Or, en 1961, tout change de nouveau : « Étienne II » est radié de la liste des papes par Jean XXIII (lui-même mal numéroté, puisqu'il n'y a jamais eu de « Jean XX »). Dès lors, Étienne retombe dans l'oubli, et les papes retrouvent leur numérotation initiale. Mais cette décision papale n'a jamais eu force de loi, de sorte que les deux numérotations coexistent toujours pour les « Étienne ». De fait, seules l'élection et l'intronisation prochaines d'un pape sous le nom d'Étienne – une première depuis la mort du dernier en 1058 – régleraient la situation. S'appellera-t-il « Étienne X » (ancienne numérotation) ou « Étienne XI » (nouvelle numérotation), légitimant – ou non – notre pauvre pape éphémère et ses trois jours de pontificat ? L'histoire nous le dira peut-être un jour... (D. A.)

Sainte Thérèse d'Avila (1515-1582), la carmélite de l'espace-temps

Née au XVIe siècle dans une petite ville de Castille, Teresa d'Avila y Ahumada voua sa vie à Dieu et à la réforme de l'ordre du Carmel, dans un élan extatique tel qu'elle inspira tous les mysticismes intellectuels jusqu'à nos jours.

Après avoir vécu une existence bien remplie au service de Notre-Seigneur, Thérèse d'Avila s'endormit saintement dans la paix, la sérénité divine et l'odeur des roses, une nuit de 1582.

« Imposteurs ! », s'exclameront les lectrices et lecteurs, cette mort bienheureuse n'a rigoureusement rien de stupide ! Et ils auront raison. Mais conviendront que ce décès prend un éclairage singulier quand ils sauront que : sainte Thérèse est morte une nuit qui n'existe pas ou, au choix, qui existe trop.

En effet, sainte Thérèse est morte dans la nuit du jeudi 4 octobre au vendredi 15 octobre 1582, c'est-à-dire que la sainte est morte pendant une nuit qui a duré dix jours.

Explication du mystère : du temps ou l'Église veillait non seulement sur la foi des clercs, mais aussi sur le temps des laïcs, le pape Grégoire XIII décida de rectifier le calendrier alors en vigueur, appelé « calendrier julien », qui accumulait petit à petit un décalage de plus en plus gênant par rapport au vrai mouvement de

la Terre autour du Soleil et donc au rythme des saisons. Il résolut le problème en instituant un calendrier arithmétiquement amélioré, dit «calendrier grégorien», toujours en vigueur de nos jours. Et pour rattraper le retard sur le temps réel qui alors était de dix jours, l'Église décida que le soir du 4 octobre 1582, on ferait le sacrifice de dix jours en passant directement au 15 octobre. Heureusement pour les historiens, il ne se passa rien de significatif cette nuit-là, excepté la mort d'une modeste religieuse dans la province de Salamanque.
Et pour rester pointilleux avec la réalité, précisons pour finir que sainte Thérèse est en fait morte des jeûnes, des macérations et des privations que sa foi brûlante lui imposait, et dans lesquels chacun mesurera à l'aune de ses croyances l'échelle de stupidité. (B. L.)

X

Trop beau pour être vrai

Il est des anecdotes inusables, répétées dans tous les dîners, sources inépuisables de commentaires et de bons mots ; et pourtant, quand on y regarde de plus près, la belle légende se désagrège… S'il est vrai que Pie XII (1876-1958) souffrait de violentes crises de hoquet, il est mort d'une simple attaque ; et si Jayne Mansfield (1933-1967) a bien percuté un camion, la beauté blonde d'Hollywood n'a jamais été décapitée par aucune plaque de tôle. Le thème des morts stupides est riche en historiettes cocasses et rarement vérifiées, colportées inlassablement et qu'il faut bien évoquer ici… pour les démentir formellement.

Jérôme Cardan (1501-1576)

L'inventeur qui avait du jeu dans lui-même

Le savant italien Cardan, médecin, anatomiste, mathématicien, astronome et inventeur du XVIe siècle, à qui l'on doit entre autres le mécanisme de rotule à axe double qui porte son nom, est un personnage extrêmement étrange, présentant une particularité qui surpassait toutes les autres : il était fou. Plus exactement, c'est à cause de ses fils que l'inventeur du cardan coula une bielle. Déjà de constitution mentale un peu fragile, sa vive intelligence et sa créativité polyvalente commençaient à lui valoir une réputation flatteuse dans les grandes villes de la Renaissance autant en mathématiques qu'en médecine, quand ses fils commencèrent à lui pourrir la vie. D'abord, l'aîné qu'il aimait beaucoup décide incontinent d'empoisonner sa femme. Arrêté, il avoue, et son père dépense une énergie considérable pour le tirer de prison, en vain. Le fiston est exécuté, et Cardan commence à vaciller. C'est là que le second fils, qu'il détestait, se manifeste : zonard avant la lettre, escroc, joueur, il accable son père d'exigences financières. Comme celui-ci n'y répond pas assez favorablement, il cambriole le papa. Ce dernier, furieux, le fait arrêter et bannir. Pour se venger, le fiston le dénonce à l'Inquisition : arrêté à son tour, soupçonné d'hérésie, Cardan est chassé de tous ses postes et privilèges. Il échappe de peu à la torture et au bûcher. À partir de là, il va accumuler les excentricités. Voilà qu'il se proclame le plus grand esprit du temps, le prophète éblouissant que l'humanité attend, parcourt les rues dans des tenues extravagantes et suscite la réprobation générale. Qu'à cela ne tienne, il rédige avant sa mort une autobiographie comme on en rencontre peu, mélange de passionnantes observations sur lui-même et de divagations diverses. Il s'y dit entouré de personnages invisibles, qui le guident et le protègent, au milieu des visions qui lui révèlent l'avenir. Mieux que ses ennemis, il s'y décrit méthodiquement comme un raté, un lâche et un minable, s'y accuse de calomnie et de traîtrise, mais n'en remet pas pour autant en cause son génie supérieur. Prétendant au passage que la douleur est indispensable à son équilibre, il ne trouve meilleur exercice quotidien que de se mordre et se pincer du matin au soir.

La singulière histoire de sa mort vient de ce qu'il se piquait aussi d'astrologie : il avait tiré les horoscopes des grands personnages et même celui du Christ. Il ressortait d'une certaine logique qu'il établît le sien propre, lequel, dit-on, prédisait sa mort à soixante-douze ans, deux mois et douze jours. Mais cet hypocondriaque toujours malade arriva vaille que vaille à cet âge fatidique sans voir venir la maladie grave ou l'infirmité qui l'emporterait dans un créneau fidèle à ses prédictions. Pire, plus la date se rapprochait, plus sa santé se refusait à montrer la moindre défaillance. L'histoire raconte alors qu'il cessa de s'alimenter plusieurs semaines avant la date annoncée, de manière à mourir le jour dit, conformément à ses calculs.

Cette anecdote connut un franc succès au point qu'on la répète encore de nos jours, mais elle a été inventée par ses détracteurs. Si son propre horoscope figure bien parmi ceux qu'il a établis dans un de ses livres, il est facile d'y vérifier qu'il s'est bien gardé d'y pronostiquer la moindre date de décès. Il mourut dans son lit à l'âge de soixante-quinze ans. Sans savoir que c'est la prolifération mondiale, quatre siècles plus tard, d'un véhicule à roues autopropulsé qui offrirait à son nom cette postérité qu'il désirait tant. (B. L.)

Tycho Brahé (1546-1601)

Il ne faut pas prendre les vessies pour des citernes

Première version : ce jour d'octobre 1601, l'astronome danois Tycho Brahé, grâce aux observations duquel Kepler a pu élaborer ses lois et déterminer la mécanique du système solaire, est invité par son protecteur et mécène, l'empereur Rodolphe II de Habsbourg. Il monte, privilège rare et envié, dans le carrosse de son hôte illustre, pour faire en sa compagnie un petit tour dans les environs de Prague, où il vit. Et voilà que survient la plus triviale des péripéties : il a envie de pisser. Mais assis dans le carrosse de l'empereur, on ne lui demande pas un arrêt pipi comme à n'importe quel chauffeur de malle-poste, d'ailleurs on ne se permet même pas la moindre allusion aux fonctions corporelles voisines du bas-ventre. Et donc Tycho se tait, Tycho se retient. Mais le voyage est très long et Tycho est très poli. Résultat, il meurt d'une rétention d'urine, martyr de l'étiquette.

Seconde version : le 13 octobre 1601, toujours à Prague, il est invité à souper par un notable éminent et mécène notoire, un certain Peter Vok Rozmberk. Ce dernier, amateur de grands crus, l'entraîne à boire, et voilà que rapplique la même envie de pisser que dans la version précédente, refoulée par le même désir de respecter la bienséance, dans un dîner dont il est l'invité d'honneur. Quand enfin le repas s'achève et que Tycho peut se soulager, rien ne sort. Occlusion de la vessie, suivie de plusieurs jours d'agonie que Kepler, témoin des faits, relate ainsi : « Après cinq nuits sans sommeil, il ne pouvait encore passer son eau qu'avec la plus grande peine, et même le passage était gêné. »

Ces deux versions d'une mort semblablement stupide sont arrivées à peu près à égalité jusqu'à nos jours dans les biographies. C'est alors qu'on décida d'y voir plus clair en exhumant son corps.

Première exhumation : pour le tricentenaire de sa mort en 1901, l'université de Prague ouvre le cercueil de Tycho Brahé, ne peut pas conclure en ce qui concerne la vessie vu qu'il n'en reste plus grand-chose, mais en profite pour envoyer en cadeau des poils de sa barbe à son pays d'origine, le Danemark. Presque un siècle passe et, en 1994, surprise : l'analyse d'une université suédoise y trouve du mercure à une concentration telle qu'on ne peut qu'évoquer un empoisonnement.

Première hypothèse : comme le laisserait déduire l'anecdote polymorphe de la rétention d'urine, l'astronome souffrait d'un calcul à la vessie, ou plus probablement d'une hypertrophie de la prostate, et l'occlusion consécutive des voies urinaires a été provoquée par des circonstances contingentes. Le mercure proviendrait des médicaments qu'il se fabriquait lui-même et s'autoadministrait.

Seconde hypothèse : sa mort n'a pas de rapport avec une pathologie urinaire, il a été empoisonné. Et là, les candidats coupables du complot foisonnent, jusqu'au roi du Danemark en passant par Kepler lui-même, qui aurait assassiné Tycho pour lui piquer ses notes.

Seconde exhumation : pour trancher, si l'on peut dire, le corps est de nouveau exhumé en 2010. Même s'il en reste de moins en moins à chaque ouverture de cercueil, des prélèvements sont faits et des analyses sont programmées. On attend toujours les résultats à l'heure où ces lignes sont écrites.

Au lieu de cette mort certes stupide mais compliquée, tout en versions multiples et hypothèses confuses, Tycho Brahé aurait pu mourir jeune tout aussi stupidement en 1566, mais avec le mérite de la simplicité. Cette année-là en effet, il se bat en duel avec un étudiant rival, et il est blessé. Il ne meurt pas mais y perd son nez. L'épée a coupé l'appendice nasal à la naissance du cartilage et, toute sa vie, Tycho porta une prothèse nasale en or. Du moins le croyait-il. Car, découverte collatérale des analyses consécutives à sa première exhumation, les traces d'oxyde de cuivre retrouvées sur l'os nasal sont éloquentes : la prothèse n'était qu'un alliage d'or et de cuivre, le paparazzo des planètes s'était fait avoir. (B. L.)

Hercule Savinien Cyrano dit Cyrano de Bergerac (1619-1655)

Le ciel sur la tête

Hercule Savinien Cyrano ne voit pas le jour à Bergerac, mais à Paris, le 6 mars 1619. Une propriété familiale, quoique en vallée de Chevreuse, le rattache plus ou moins aux cadets de Gascogne. Engagé dans les combats de la guerre de Trente Ans, qui opposent les Français aux Espagnols, il est blessé « d'un coup d'épée dans la gorge » en 1640 lors du siège d'Arras. Rendu à la vie civile, il fréquente Gassendi, devient libre-penseur. Il embrasse la carrière des lettres, faisant représenter sa *Mort d'Agrippine* en 1653. Il publie quatre ans plus tard un récit de voyage interplanétaire, *L'Autre Monde ou les États et Empires de la Lune et du Soleil*, œuvre matérialiste qui annonce le siècle des Lumières et préfigure les romans de science-fiction. La critique de l'anthropocentrisme et des injustices ayant cours en Europe lui vaut les foudres de la censure.

En 1654, protégé par le duc d'Arpajon, il reçoit, en entrant chez lui, une poutre sur la tête. On ignore s'il s'agit d'un attentat délibéré contre cet écrivain à scandale ou de la manifestation naturelle de la chute des corps. Abandonné par son protecteur, il trouve refuge à Sannois chez son cousin, trésorier général des offrandes du roi. L'écrivain y meurt chrétiennement le 28 juillet 1655, sans qu'il soit possible de lier formellement cette blessure ancienne à ce passage dans l'autre monde.

La postérité a retenu de Cyrano qu'il avait un nez péninsulaire, dont Edmond Rostand fera le motif amplifié d'une pièce de théâtre en 1897, connue pour son exaltation de l'héroïsme et sa fameuse tirade des nez. Nul ne sait comment le vrai Cyrano affronta la mort. Rostand lui prête ces mots, au moment où il passe le mousquet à gauche : « *Silence*. Elle vient. Je me sens déjà botté de marbre. Ganté de plomb ! *Il se raidit*. Oh ! mais !... puisqu'elle est en chemin. Je l'attendrai debout. » (F. Ch.)

Franz Schubert (1797-1828)

Truite et fin

Le compositeur autrichien Franz Schubert qui, au-delà d'une œuvre considérable, a recueilli dans le monde entier un succès populaire grâce à son plus emblématique morceau, un quintette pour piano et cordes intitulé *La Truite*, serait mort des suites de l'ingestion d'un poisson avarié dans une auberge.

L'auberge et le poisson existent bel et bien, le témoignage a été rapporté par son frère Ferdinand avec qui il mangeait ce jour-là, mais la maladie et la mort qui ont suivi ce repas ne semblent concomitantes que par coïncidence. Contrairement aux décès d'autres compositeurs célèbres de la même époque comme Beethoven, il n'existe aucun document médical sur la mort de Schubert, sinon la relation de la visite d'un médecin lors de son agonie, qui avait diagnostiqué une fièvre typhoïde. En revanche, la certitude est acquise que Schubert était malade de la syphilis depuis au moins six ans. Autre certitude, le traitement mortifère à base d'ingestion de mercure qu'on infligeait aux patients à cette époque, causait bien plus de dégâts à l'organisme qu'il n'apportait de soulagement, et accélérait l'issue fatale de la maladie. Il reste donc plus vraisemblable d'incriminer ses thérapeutes que son poissonnier. (B. L.)

Robert Koch (1843-1910)

Solide comme un Koch

Le petit Robert rêvait d'être explorateur.

Il avait développé dès la petite enfance une grande curiosité pour la nature et se passionnait pour la dissection des petits animaux. La suite de son existence comblera ses désirs de voyages lointains et d'explorations scientifiques.

Robert Koch naît le 11 décembre 1843 dans le massif du Harz à Clausthal, dans le royaume de Hanovre. Sa fratrie compte treize enfants. Deux meurent en bas âge. Neuf filles survivent, et deux garçons. La famille Koch s'éparpille et donne huit émigrés aux États-Unis d'Amérique ou du Mexique. Robert reste en Allemagne, mais une fois docteur en médecine, après des études à Göttingen, prend un poste à l'hôpital de Hambourg. On ne sait jamais. Un navire pourrait le prendre à bord, un jour.

En 1882, il démontre le caractère microbien de la tuberculose. L'année suivante – il a trente-neuf ans – il s'embarque enfin pour une mission coloniale, à destination de l'Égypte et des Indes, où il décrit le bacille responsable du choléra. Il passera dès lors le tiers de son temps à sillonner les mers et les forêts primaires, afin d'étudier d'extrêmement près les maladies tropicales les plus terribles.

On connaît Robert Koch pour son célèbre bacille de la tuberculose, *Mycobacterium tuberculosis*, mais on oublie qu'il a mené partout dans le monde des recherches sur le typhus, le charbon – sa toute jeune fille l'assistait parfois dans ses expériences sur cette maladie –, le choléra, la lèpre, la peste, la rage, le paludisme, la maladie du sommeil, et qu'il s'est penché avec beaucoup d'entrain sur la question de l'inflammation érysipélateuse, ce joli mot désignant, pour le corps médical, les plaies purulentes.

Élie Metchnikoff, disciple de Pasteur, mais qui avait fait une partie de ses études à Göttingen du temps que Koch s'y trouvait, raconte que Robert Koch n'avait pas une hygiène alimentaire parfaite – comprendre qu'il adorait faire ripaille lorsqu'il passait à Paris – et que ce manque de continence aurait hâté sa fin. Sur les nombreux portraits qu'on en connaît, Robert Koch paraît plutôt sévère, mais il n'en était pas moins ce qu'on appelle un bon vivant. Ne s'est-il pas remis, à plus de cinquante ans, avec une étudiante de moins de vingt ? Un vieux classique, certes, mais qui nécessite, pour contredire les sarcasmes de Metchnikoff, une santé de fer.

Dès 1903, à son soixantième anniversaire, il signale à ses amis que sa forme décline, mais continue son odyssée microbiologique jusqu'au Japon où son élève Kitasato Shibasaburō lui a fait la place d'une sorte de dieu. Revenu du Japon en 1908, Koch cesse tout voyage.

Il est gaillard lorsqu'il prononce un long discours en l'honneur des soixante ans de son collègue Georg Gaffky, le 17 février 1910, en plein air, dans le froid. Six semaines plus tard, il fait une attaque d'angine de poitrine, à laquelle il survit. On l'emmène à Baden-Baden pour le remettre d'aplomb. Le 27 mai, après un bon dîner, tandis que Robert Koch prend le frais sous la véranda, son cœur s'arrête.

On a propagé la rumeur selon laquelle le grand bactériologiste allemand était mort contaminé par ses objets d'étude. C'est encore bien plus bête que ça : celui qui est allé toute sa vie à la rencontre des agents pathogènes les plus virulents parmi ceux connus sur terre est mort d'une ordinaire faiblesse cardiaque.

Son épitaphe rimée s'achève par ce vers : « *Ihn fürchtete der Tod.* » La Mort le craignait. (O. Ch.)

VICTOR BIAKA BODA (1913-1950)

Mort blanche d'un sénateur noir

« En 1959, un sénateur de Côte-d'Ivoire, nommé Biaka Boda, fut chargé d'une mission officielle à l'intérieur du pays. Il devait en ramener un rapport sur les besoins alimentaires de la population.

» Au cours de cette mission, le sénateur Biaka Boda fut dévoré par des anthropophages. » Telle est l'extraordinaire anecdote rapportée par Guy Bechtel et Jean-Claude Carrière dans *Le Livre des bizarres*. Par sa rudesse et sa simplicité, elle a la saveur d'une fable, et l'on imagine aisément la tribu affamée se partageant, autour d'un grand feu, les plats de côtes d'un gras notable venu imprudemment narguer ses administrés de son opulence.

Or, tout est faux dans cette histoire : la date, car l'affaire remonte à 1950 et non 1959, mais surtout les circonstances et le dénouement.

Né le 25 février 1913 à Gagnoa, dans l'ex-colonie française de Côte-d'Ivoire, Victor Biaka Boda étudie la médecine à Dakar, avant de la pratiquer en Guinée.

Là, il rencontre Sékou Touré, indépendantiste inconditionnel, futur président d'un État communisant qui, en 1958, osera défier de Gaulle. Quand il revient au pays natal, en 1947, Victor Biaka Boda s'affilie au Rassemblement démocratique africain (RDA), mouvement d'émancipation alors proche de Moscou, dont la section locale, le Parti démocratique de Côte-d'Ivoire (PDCI), est dominée par Félix Houphouët-Boigny.

Sous la IVe République, les colonies africaines ont quelques sièges au Conseil de la République, nouvelle appellation du Sénat. Ralliant sur son nom vingt-cinq grands électeurs sur vingt-sept dans la deuxième section de la Côte-d'Ivoire, le Dr Biaka Boda entre au palais du Luxembourg le 14 novembre 1948. Il n'a rien d'un notable pansu : à trente-cinq ans, c'est un militant révolutionnaire actif et revendicatif, qui réclame l'égalité des droits entre sujets coloniaux et Métropolitains, quand il ne dénonce pas le projet d'une Alliance atlantique qui risque de se traduire par « la mainmise des trusts américains sur les richesses minières du sous-sol africain ».

En Côte-d'Ivoire, le jeune orateur galvanise les foules en dénonçant les méfaits du colonialisme et le « gouvernement pourri » des administrateurs coloniaux. Le gouverneur se méfie de cet agitateur, dont le maximalisme gêne aussi Houphouët-Boigny, qui négocie en sous-main l'avenir du territoire avec les autorités françaises.

En janvier 1950, on voit Biaka Boda à Bouaflé, où ont lieu de sérieux troubles politiques, puis il disparaît sans laisser de traces. Des journalistes français parlent alors de « crime rituel » ; une explication se répand, aussi pratique qu'exotique : le sénateur africain aurait été mangé par ses concitoyens ! L'anecdote sera souvent reprise, embellie, exagérée, sans que personne semble vouloir s'interroger sur l'invraisemblable dose de racisme et d'antiparlementarisme qu'elle condense : on prêtera même au disparu la volonté de rédiger un rapport sur la malnutrition, mission dont il n'a jamais été chargé.

Un mystère plane, en réalité, sur le sort du sénateur Biaka Boda. Un jugement supplétif d'acte de décès, rendu en mars 1953 par le tribunal de Bouaflé, le déclare officiellement décédé, mais aucune cause de mort n'est officiellement citée. A-t-il été victime de ses faux amis du RDA ? Ou bien les troupes coloniales auraient-elles une « mort blanche » à leur actif, ainsi que les barbouzes désignent un homicide sans cadavre ?

Il y a un corps pourtant, décapité, mutilé, qu'on trouve quatre jours après la disparition, suspendu à un arbre ; mais ces restes mortels, après expertise médicale, ne seront jamais restitués à la famille, qui ignore toujours où ils reposent. Dans son livre, *La « Disparition » de Victor Biaka Boda* (L'Harmattan), son neveu Devalois Biaka conclut que le malheureux sénateur est tombé dans un guet-apens. Une panne de voiture simulée l'a obligé à passer la nuit chez un traître, où il aurait été arrêté en pleine nuit par des « Alaouites », surnom des supplétifs syriens de l'armée française. Ceux-ci l'auraient alors torturé à la baïonnette, jusqu'à ce que mort s'ensuive.

La volatilisation de Biaka Boda laisse alors les mains libres à Houphouët, qui deviendra président de la Côte-d'Ivoire indépendante en 1960 et le restera jusqu'à son dernier souffle, en 1993… En lui prêtant une mort ridicule, le RDA-PDCI comme les autorités françaises se débarrassaient du souvenir même de Biaka Boda, le jeune nationaliste africain aux discours enflammés, dont la mémoire a mis un demi-siècle à être restaurée. Un stade, dans sa ville natale de Gagnoa, porte aujourd'hui son nom. (B. F.)

Jayne Mansfield (1933-1967)

La blonde et le camionneur

Née le 19 avril 1933 à Bryn Mawr en Pennsylvanie, Vera Jayne Palmer, de son vrai nom, commence une carrière d'actrice à Hollywood au milieu des années 1950. Dotée de magnifiques cheveux blonds et d'une plastique parfaite, elle tournera dans près de trente films et téléfilms en à peine une dizaine d'années – un record ! – où elle apparaît presque invariablement dans le rôle de la bimbo de service. Souvent comparée à Marilyn Monroe – sa grande rivale de l'époque –, elle ne connaîtra pas la même carrière, apparaissant presque toujours dans des films de série B aux titres explicites, comme *La Blonde et Moi* en 1956, *La Blonde explosive* en 1957, *La Môme aux dollars* en 1964. Pour ne rien arranger, elle sera également *playmate* pour le magazine *Playboy* en février 1955.

Sa carrière s'arrête brusquement le 29 juin 1967, quand sa Buick neuve s'encastre violemment dans l'arrière d'un poids lourd. Pendant des décennies, la mort de Jayne Mansfield a fait l'objet d'une rumeur assez sinistre – qui ne sera pas sans entretenir la légende posthume de l'actrice – selon laquelle elle aurait été décapitée par la cargaison de tôles du camion qu'elle avait embouti. La réalité est hélas plus prosaïque : roulant à grande vitesse sur une route de Louisiane, elle ne vit pas le camion qui freinait devant elle et rentra dedans. L'accident lui écrasa la boîte crânienne, la tuant sur le coup.

Devenue *a posteriori* une icône de l'Amérique des années 1950-1960, elle a fait l'objet d'une réhabilitation de la part de certains cinéphiles. À l'automne 2011, le romancier Simon Liberati lui a consacré un très beau roman, *Jayne Mansfield 1967*, qui retrace les derniers jours de la vie de l'actrice et a obtenu le prix Femina. (D. A.)

Johnny Allen Hendrix dit Jimi Hendrix (1942-1970)

Vomi soit qui mal y pense

Dans *Belly Button Window*, Jimi Hendrix, en fœtus, s'adresse à ses parents : « Je me demande s'ils veulent de moi dans les parages. » Réponse affirmative le 27 novembre 1942, à Seattle. Fils de divorcé, taciturne et rêveur, Jimi reçoit les concerts d'Elvis Presley et de Muddy Waters comme des chocs violents. Il devient guitariste : à ses débuts à New York en 1963, il fait pleuvoir ses bombes sonores, ses missiles téléguidés sur un public abasourdi. Cette musique amplifiée à outrance, au son saturé, l'hallucinante virtuosité de Jimi subjuguent le *Swinging London* puis les États-Unis et le reste de la planète. Avec son groupe, The Jimi Hendrix Experience, il met le feu à sa guitare – au propre comme au figuré –, donne des concerts incandescents et brûle sa vie.

En 1967, il publie deux disques, dont *Are You Experienced ?* incluant les classiques *Foxy Lady*, *Fire*, *Red House*. Il succombe au LSD, à l'alcool, puis à Monika qui tente de le ramener à la raison. Le sculpteur de matière sonore publie en 1969 un disque *live*, participe au festival de Woodstock pendant que ses compatriotes grillent les collines du Vietnam au napalm.

Le 18 septembre 1970, le *guitar hero* doit récupérer, à la suite d'une nuit d'errance londonienne. Il s'endort après avoir pris plusieurs cachets de sédatifs Vesperax vers sept heures, ayant laissé en évidence le reste de la boîte. À dix heures, Monika le trouve endormi et respecte son sommeil. Elle sort acheter des cigarettes. De retour, elle essaie de le réveiller. N'y parvenant pas, elle appelle les secours. Entre-temps, Jimi Hendrix s'étouffe dans une mare de vomi. Les médecins pronostiquent une intoxication due à un mélange d'alcool et de barbituriques. Excessif en tout, Hendrix s'en est prescrit dix fois la dose.

Une autre version «innocente» Monika Dannemann. Celle-ci aurait accompagné la rock-star dans l'ambulance. L'incompétence de l'équipe médicale serait la cause de ce décès brutal. Scotland Yard finira en 1994 par invalider ce scénario d'une compagne dépassée par les événements. Feu Jimi est aussitôt victime d'une opinion publique malveillante qui le range parmi les consommateurs d'héroïne, lui qui avait la phobie des piqûres. Un de ses proches témoigne : «Quand je l'ai vu, un peu avant sa mort, il était une épave. Le fait d'être un produit était en train de le tuer.» (F. Ch.)

ELEN NAOMI COHEN DITE MAMA CASS ELLIOT (1941-1974)

La chanteuse à la mayonnaise

La chanteuse la plus charismatique du groupe The Mamas & the Papas, coutumiers du hit-parade rock au début des années 1970, n'est pas morte comme nombre de ses collègues contemporains, de drogue et d'alcool. La plupart des biographies succinctes la disent morte plus stupidement encore, en s'étouffant avec un sandwich dans sa chambre d'hôtel, un jour de juillet 1974.

Bien sûr, comme souvent, si à y regarder de près la légende s'efface devant une réalité moins insolite, on peut se demander en l'occurrence si ladite réalité n'est pas plus absurde que la légende.

Depuis son plus jeune âge, Mama Cass Elliot, couramment appelée Elliot mais de son vrai nom Elen

Naomi Cohen, a été victime de surpoids, avec les dégâts consécutifs habituels, boulimie, culpabilité, névrose obsessionnelle, handicap respiratoire. C'est pourtant sa silhouette volumineuse, vite remarquée dans le cinéma, qui, conjuguée à une voix stupéfiante et à un humour ravageur, en fit à la fin des années 1960 une rock-star des scènes mondiales, menant parallèlement une carrière d'actrice. La vie n'aurait été pour elle qu'une allée de roses si sa corpulence ne l'avait perturbée, dans sa tête autant que dans ses mouvements. Écoutant un médecin puis l'autre, passant de régimes ascétiques à des accès de boulimie vengeresse, en jouant à ce Yo-Yo métabolique elle ne pouvait qu'affaiblir son cœur déjà fatigué.

La légende alimentaire vient d'un sandwich au jambon entamé, voisinant une bouteille de Coca, trouvé à côté de son corps sans vie dans un appartement de Curzon Place à Londres, quelques heures après un concert triomphal au *London Palladium*. Plus exactement, des propos du médecin appelé qui, avant même l'autopsie, ne put s'empêcher d'y aller de ses conclusions devant les journalistes, affirmant que la chanteuse était morte étouffée par le pain de mie, et ajoutant que, pour une personne de son poids, l'ingestion d'un tel aliment accompagné d'un soda gazeux dans la position allongée était « une chose dangereuse à faire ». Mais l'autopsie, qui diagnostiqua un infarctus sans aucune trace alimentaire dans les voies respiratoires, dédouana d'autant mieux le sandwich qu'on apprit dans le même temps que le dernier régime de la chanteuse lui avait fait perdre quarante kilos en six mois.

La rumeur persista jusqu'à nos jours, aussi increvable qu'une légende urbaine, renforcée encore dans son parcours crypto-occulte par une incroyable coïncidence : dans le même appartement, on retrouvera quatre ans plus tard le corps sans vie du tout aussi célèbre batteur des Who, Keith Moon, mort au même endroit et au même âge que la big Mama, mais sans hot-dog. (B. L.)

CONCLUSION

Notre modernité a beau multiplier les consignes de sécurité tous azimuts, au nom de la prévention des risques, les morts stupides n'ont pas cessé de remplir les colonnes des journaux. Le réalisateur américain Boris Sagal (1923-1982) a été décapité par le rotor de queue d'un hélicoptère, son compatriote l'acteur Jon-Erik Hexum (1957-1984) s'est fait tuer par une balle à blanc lors d'un essai en plein tournage, tandis que c'est d'une vraie balle, tirée par inadvertance, qu'a péri le chanteur de soul Marvin Gaye (1939-1984) qui, pour se réconcilier avec son pasteur de père, avait eu la mauvaise idée de lui offrir un pistolet. Que dire du jeune comédien italien Renato Di Paolo (1977-2000) qui, interprétant le rôle de Judas, se serait pendu accidentellement la veille de Pâques avec des cordages mal installés ? Sans parler de l'acteur David Carradine (1936-2009), lui aussi victime de câbles, qu'il utilisait paraît-il pour des jeux autoérotiques par strangulation…

Si les célébrités continuent de mourir stupidement, un décès particulièrement idiot peut, en notre temps de médiatisation à outrance, donner une certaine renommée posthume au quidam ordinaire. Ainsi, le nom de l'avocat canadien Garry Hoy a fait le tour du monde parce que, en donnant de grands coups d'épaule contre une vitre pour démontrer qu'elle était incassable, il a fini par desceller la fenêtre entière et tomber du vingt-quatrième étage… Il fut lauréat des Darwin Awards, véritable prix décerné « à des personnes qui, mortes ou stérilisées à la suite d'un comportement particulièrement stupide de leur part, sont ainsi remerciées (le plus souvent à titre posthume) pour avoir, de cette façon, contribué à l'amélioration globale du patrimoine génétique humain ». Cette distinction cruelle a récompensé depuis un militaire capable de jongler avec des grenades, ainsi que deux cambrioleurs belges qui, ayant dynamité une agence bancaire, furent écrasés par les gravats de la façade…

Comme l'écrivait Louis Guilloux dans ses Carnets *: « J'ai toujours pensé qu'il ne fallait pas rater sa mort, que la mort devait être regardée comme une réussite, le grand point d'achèvement ou de rassemblement de soi-même. » Cette angoisse de manquer sa sortie étreint aussi les auteurs de ce livre, comme elle ne doit pas épargner le lecteur. Nous sommes tous menacés d'une mort stupide.*

INDEX DES PERSONNALITÉS VICTIMES D'UNE MORT STUPIDE

TABLE DES MATIÈRES

Photocomposition PCA/C*MB* Graphic
44400 Rezé

Imprimé en France par

MAURY IMPRIMEUR
à Malesherbes (Loiret)
en janvier 2014

POCKET – 12, avenue d'Italie – 75627 Paris Cedex 13

N° d'impression : 186469
Dépôt légal : janvier 2014
S24133/01